# フルトヴェングラー研究

第1回ヴィルヘルム・フルトヴェングラー会議（フリードリヒ・シラー・イエナ大学、1997年11月7-8日）のシンポジウムにおける、ヨアヒム・マッツナー、ヴェルナー・テーリヒェン、ロジャー・アレン、ギュンター・ビルクナー、ブルーノ・ドゥディエール、ジョージ・アレクサンダー・アルブレヒト、ジャン＝ジャック・ラパン、ウルリヒ・ムツによる講演集

編：セバスチャン・クラーネルト

訳：野口　剛夫

Furtwängler-Studien I

Herausgegeben von Sebastian Krahnert
Redaktionelle Mitarbeit: Annette Albold, Norbert Kleekamp

Verlag: Ries & Erler, Berlin
©Copyright 1998 by Friedrich-Schiller-Universität Jena

既に周知となっている偉大な作品へ熱狂的に没入している人に、文句を言うべきことは何もない。間違いなくその没入は、作品を歴史的にしか見ようとしない傲慢な態度よりも好ましいのである。芸術は愛と似ている。芸術においてはまさに言えるのは、愛が大きくなればなるほど、認識も深くなるということだ。

　　　　　　　　　　　　　　　ヴィルヘルム・フルトヴェングラー

目　次

はじめに（セバスチャン・クラーネルト）　　　　　　　　　　6

## ヨアヒム・マッツナー
フルトヴェングラーとテンポ　　　　　　　　　　11

## ヴェルナー・テーリヒェン
フルトヴェングラーに見る、演奏の魅力と誠実　　　　　　　　　　16

## ロジャー・アレン
ヴィルヘルム・フルトヴェングラーとイギリス　　　　　　　　　　28

## ギュンター・ビルクナー
フルトヴェングラーの作曲家としての自己理解　　　　　　　　　　38

## ブルーノ・ドゥディエール
作曲家としてのヴィルヘルム・フルトヴェングラー
　　芸術家のエトス　　　　　　　　　　50

## ジョージ・アレクサンダー・アルブレヒト
世紀末の一人の指揮者が見た
　　ヴィルヘルム・フルトヴェングラー　　　　　　　　　　78

**ジャン＝ジャック・ラパン**
　ヴィルヘルム・フルトヴェングラーと
　彼の手記(1924-1954)の意義　　　　　　　　　　　94

**ウルリヒ・ムツ**
　プフィッツナーとフルトヴェングラー　　　　　107

**シンポジウムでの討論**　　　　　　　　　　　126


[付録]
**ジャン＝ジャック・ラパン**
　ヴィルヘルム・フルトヴェングラーとエルネスト・アンセルメ
　二人の意見の一致について　　　　　　　　　　133

筆者紹介　　　　　　　　　　　　　　　　　　　151


訳者あとがき　　　　　　　　　　　　　　　　152

# はじめに

　1997年11月6－9日に開催された第1回ヴィルヘルム・フルトヴェングラー会議によって、イエナではヴィルヘルム・フルトヴェングラーと彼の多岐にわたる芸術遺産についての徹底的な議論が始まった。イエナ大学は1929年の第7回ドイツ・ブラームス祭の時、フルトヴェングラーに名誉市民の称号を授与しているが、この大学は会議の最中に行われる演奏会、展示「フルトヴェングラーとチューリンゲン」そしてシンポジウムのためにすばらしい会場を提供してくれた。

　第1回ヴィルヘルム・フルトヴェングラー会議の発表者と参加者は、ドイツを始めアメリカ合衆国、オーストリア、イギリス、イタリア、ギリシャ、スイス、日本、フランスから集まった。特にすばらしかったのは、エリーザベト・フルトヴェングラー、アンドレアス・フルトヴェングラーを始めとするフルトヴェングラー・ファミリーがイエナを訪問してくれたということである。

　この催しでの中心的な関心事は、フルトヴェングラーの作曲を取り上げるということであった。次のような演奏会が行われた。

　〔訳注：本訳書では、学会の主なスケジュールを概観するべく、2回に分けて行われたシンポジウムの予定も挿入した。〕

### 11月6日

**交響曲演奏会**（イエナ市公会堂）
　**ヴィルヘルム・フルトヴェングラー：交響曲第2番ホ短調**
　　イエナ・フィルハーモニー　指揮：クリスチャン・エーヴァルト

### 11月7日（この日以降の催しの会場は全てイエナ大学講堂）

**フルトヴェングラー・シンポジウムⅠ「演奏者」**
　ヨアヒム・マッツナー：フルトヴェングラーとテンポ
　ヴェルナー・テーリヒェン：フルトヴェングラーに見る演奏の魅力と誠実
　ロジャー・アレン：フルトヴェングラーとイギリス
　ゴットフリート・クラウス：フルトヴェングラーとモーツァルト

音楽研究会「若きフルトヴェングラーと彼の作曲教師たち」
　アントン・ベーア＝ヴァルブルン、ヨーゼフ・ラインベルガー、マックス・フォン・シリングス、ヴィルヘルム・フルトヴェングラーの歌曲と室内楽曲
　　クリスティーナ・ボーク（ソプラノ）、ヤーレ・パピラ（アルト）、マティアス・ヴィンター（バリトン）、アンドレアス・レーマン（ヴァイオリン）、トーマス・ヘリング（ヴィオラ）、ティム・シュトルツェンブルク（チェロ）、ノルベルト・クレーカンプ指揮イエナ・ユビレー・シンガース（女声合唱）、ヴォルフガング・テムル（語り）、セバスチャン・クラーネルト（ピアノと司会）

## 11月8日

フルトヴェングラー・シンポジウムⅡ「作曲家　著述家」
　ヨアヒム・マッツナー：フルトヴェングラーの作曲家としての自己理解
　ブルーノ・ドゥディエール：作曲家フルトヴェングラー
　ジョージ・アレクサンダー・アルブレヒト：
　　世紀末の一人の指揮者が語るヴィルヘルム・フルトヴェングラー
　ジャン＝ジャック・ラパン：
　　ヴィルヘルム・フルトヴェングラーと彼の手記（1924-1954）の世界
　ウルリヒ・ムツ：フルトヴェングラーのハンス・プフィッツナーへの関係

ソナタの夕べ
　ジョゼッペ・タルティーニ：ヴァイオリンとピアノのためのソナタ ト短調
　ヴィルヘルム・フルトヴェングラー：ヴァイオリンとピアノのためのソナタ　ニ長調（1938/39）
　ルートヴィヒ・ヴァン・ベートーヴェン：ヴァイオリンとピアノのためのソナタ　ヘ長調　作品24
　　ゲルノート・ズスムート（ヴァイオリン）、セバスチャン・クラーネルト（ピアノ）

## 11月9日

室内楽演奏会
　ヴィルヘルム・フルトヴェングラー：ピアノ五重奏曲　ハ長調（1912-1935）

トーマス・ブランディス、クリストフ・フォン・デア・ナーマー（ヴァイオリン）、ハルトムート・ローデ（ヴィオラ）、ヴォルフガング・ベトヒャー（チェロ）、ヴォルフガング・キューンル（ピアノ）

交響曲演奏会は中部ドイツ放送（MDR）によって生放送された。また同放送局によって11月6日には展示「フルトヴェングラーとチューリンゲン」が取り上げられた。

シンポジウムでは、指揮者、作曲家、著述家というフルトヴェングラーの創造的遺産の様々な面について検討が行われた。演奏会を直接に経験することから出発し、ヴィルヘルム・フルトヴェングラーに関して徹底して実り豊かな対話が成立した。

シンポジウムでの発表者の原稿は、本書ではそのままに収録されている。ロジャー・アレンとブルーノ・ドゥディエールの場合は、原語とドイツ語訳の両方を収録した。〔訳注：本訳書ではドイツ語からの翻訳を収録〕　ジョージ・アレクサンダー・アルブレヒトはシンポジウムでは原稿なしで自由に話したので、本書ではそれに代わってインタビューを収めてある。アルブレヒトのフルトヴェングラーへの関係がとてもよく理解できるであろう。付録としては、ジャン＝ジャック・ラパンの論説をもう一つ収めた。これは彼が親切にも本書の刊行にあたって掲載を承知してくれたものである。

イエナでのフルトヴェングラー研究は、彼とその作品を20世紀の精神行為の歴史の中に位置付け、その場所で――歴史的考察の幸福に浸りながら――安住させることには決してならないであろう。フルトヴェングラーの傑作についてそれに見合った音楽的再現をし、その芸術的な遺言を知らせていく仕事は、むしろ今後も続けていかねばならない。もちろんこの関連で歴史的な議論も必要になってこよう。しかし、まずは作品に関しての議論をしなければならない。彼の作品は今日の人間に直接に関わり、我々を驚かせるものだからだ。上辺だけの歴史的もしくは政治的に導かれた論争をすれば、我々はおそらくフルトヴェングラーの伝記的な事柄を明らかにしたり、ジャーナリスティックな発見をすることもできようが、芸術家ヴィルヘルム・フルトヴェングラーには決して近づくことはないだろう。

イエナでのあらゆる努力の起点と目標は、常にフルトヴェングラーの作品になるだろう。客観性の名のもとに感情を交えず外から観察しただけでは、

芸術作品の意義を決して正当に評価することはできない。そしてまさにヴィルヘルム・フルトヴェングラーにおいて重要なのは、彼の作品に向かい合おうとするならば、妨げになる余計なものを全て取り去らねばならないということである。その総譜が語り出す仮借なさと真実性を、彼は音楽家と聴衆にも要求する。

　それは、今日のありがちな音楽享受ではなく、作品を上演しそれを体験し、さらに熟考をするということなのだ。

　比類ない演奏芸術を証明する彼の演奏録音、そしてドイツの文化の伝統に深く根ざし確固たる信念と遠望を示す彼の著述は、それらの歴史的かつ現代的な意義が認識され、周知されねばならない。

　第1回ヴィルヘルム・フルトヴェングラー会議の最も重要な出来事の一つは、全ての力を結集することの必要性を認識できたということである。我々はフルトヴェングラーの作曲作品の批判全集を編纂し、まず満足のいく演奏ができるための信頼できる基盤を作ることになろう。ジョージ・アレクサンダー・アルブレヒトが情熱的に訴えたこのことに関する呼びかけは、全参加者の賛同を得たのであった。

　第1回ヴィルヘルム・フルトヴェングラー会議に参加した全ての音楽家と講演者に、そしてこの催しが可能になるよう支援してくれた全ての人々に、私の感謝を捧げたい。

1998年6月　イエナにて
セバスチャン・クラーネルト

ヨアヒム・マッツナー

# フルトヴェングラーとテンポ

皆様、

　フルトヴェングラーという名前を聞くと、人はたいてい一つの音楽現象を思い浮かべます。これは明らかに彼にとって本質的、特徴的なものと見なされているものです。すなわち、音楽のテンポをフルトヴェングラーがどう考えているかということです。彼について論じる時、そのテンポについてはすぐに話題になり、とても重々しくゆったりとしている、と性急に一括りに決めつけられてしまいます。もちろんこれらのテンポは好意的に解釈できるとしても、古風でありゆったりとしていると考えられてしまわれがちです。

　少なくとも音楽の領域においては、テンポが遅いことを古めかしいと決め付けてしまうならば、レヴァインやバレンボイム、メータやティーレマンなどゆったりしたテンポを好む現代の指揮者たちについても、どのみち問題にせざるをえなくなります。他に考えるべきことがあるのではないでしょうか。つまり、そもそもゆったりしたフルトヴェングラーのテンポというものを問題にすることに、どの程度の正当性があるのか、ということです。

　当時もハンス・クナッパーツブッシュや後にはセルジュ・チェリビダッケなど、他よりもゆったりしたテンポをとり、音楽の波動をゆっくりと刻む指揮者というのはいました。

　しかし、ヴィルヘルム・フルトヴェングラーは違います。彼の場合、テンポというものは、多かれ少なかれありがちな音楽の波動ではなく、包括的で高次の音楽的な作劇法として機能していました。この音楽的な作劇法がフルトヴェングラーの魅力の大部分を形作っているのです。

　そのために２つの実例を挙げましょう。まずベートーヴェンの《田園》交響曲、それからシューベルトのハ短調交響曲《グレート》です。

　《田園》ではたいていこう演奏されます。ヘルベルト・フォン・カラヤンのそれで私たちが知っているようにです。

**鑑賞１：ベートーヴェン《田園》の冒頭／カラヤン**

　カラヤンはベートーヴェンの書いた標題「田舎に着いた時の朗らかな気分の目覚め」では、「朗らかな気分」に着目します。この朗らかさは最初から音楽を規定し、テンポも規定するのです。とにかくこのことによって、この快活なテンポが古典的交響曲の冒頭楽章としてふさわしいということにもなります。冒頭楽章は第２楽章とは対照的にはきはきと進まねばならないのです。このような構想には、フルトヴェングラーのそれとは全く違って、作劇法的な起伏はあまり求められません。

　さてフルトヴェングラーは、ベートーヴェンがこの楽章に「朗らかな気分」ではなく「朗らかな気分の『目覚め』」という標題をつけたことを重視します。つまりフルトヴェングラーはこの音楽を実際に目覚めさせていきますが、徐々に目覚めさせるのです。そして、この目覚めていく過程は朗らかな情緒に重ねられ織り込まれ、ベートーヴェンによってアレグロ・マ・ノン・トロッポと指定された演奏のテンポにも当然ながら影響しています。

　辺りを窺うように目覚めていくこの音楽の作られ方は、フェルマータによってさらにはっきりします。このフェルマータでベートーヴェンは音楽を４小節後にいささか眠たげに立ち止まらせ、もう一度考えこませるのです。フルトヴェングラーが行ったような落ち着いた繊細な作劇法によって、このフェルマータはようやく本質的に納得できるものとなります。

**鑑賞２：《田園》の冒頭／フルトヴェングラー**

　別の例は、シューベルト《グレート》交響曲の冒頭です。２つの局面におけるフルトヴェングラーの作劇法的なテンポ選定が示されています。１つ目の局面ですが、彼は導入のアンダンテとそれに続くアレグロ・マ・ノン・トロッポの間のテンポの対照を極めてはっきりと描いており、ゆっくりした導入部と快速な主部が、音楽的緊張という意味においてふさわしい爆発的に高揚する移行部によって連結されています。もう１つの局面——そしてこれは美学的にさらに深くなった局面ではないかと思いますが——としては、彼はシューベルトの非常に簡素なホルンの旋律を、よくあるような機敏なテンポ

をとることで軽薄に聴こえさせてしまうことから防ぎます。フルトヴェングラーは「アンダンテ」という基準については問題にしません。音楽は「推進する」性格をほとんど持たず、ここではまさに瞑想しているようであり、ほとんど静的であり、こうして全く本質的に、この大掛かりな交響曲にとっての大掛かりな導入となるのです。

**鑑賞3：シューベルトのハ長調交響曲の冒頭／フルトヴェングラー（1951）**

フルトヴェングラーは部分的には特にゆったりしたテンポをとってはいますが、爆発的に猛然と突進する活力を示す時もあります。たとえば、同じ交響曲で言えば終楽章です。1942年ベルリン・フィルハーモニーでの録音で聴きます。

**鑑賞4：同曲から終楽章／フルトヴェングラー（1942）**

その音楽に必要と感じたならば、フルトヴェングラーは音楽による狂乱の限界にまでしばしば至ります。例としてはベートーヴェンの第5、第7、または第9の交響曲の最後が挙げられるでしょう。これらも指揮者の作劇法としてはもっともです。なぜなら、第5や第9の交響曲の、演奏者からしばしば不平をこぼされることもある「長大な」終結部には、既に作曲者が非常に速いテンポを指定しているからです。

しばしばフルトヴェングラーの場合に議論なしとはしないのは、彼は作品で様々な部分を移行する際に、テンポを極端に速くしたり遅くしたりしがちであるということです。それは確かにその通りですが、テンポを変化させるための決定的な判断基準は、それがまさに勝手気ままにか、あるいは音楽的に有機的に感じられるかということにあるのでしょう。そのような変化は音楽的な呼吸や活気と、また劇的な進展と関わるものでなくてはなりません。

私たちは、機械信仰が支配し、機械的な均質さが芸術的な厳格さにとって代わるような時代にはもはや生きておりません。生きた波動、生きた変化を厳しく制限することは、かつては熱心に美学的なモラルとして持ち上げられましたが、コンピューター世界の際限ない戯れの可能性にうつつを抜かし酔

いしれているような今の時代には、ほとんど関心を持たれません。音楽作品を演奏する際に大なり小なり一貫した基本のテンポを保ったところで、それが正しい意味を持つとは限りません。変化させられるからこそ、一種の一貫した流れがあるということがわかるのです。

　そしてフルトヴェングラーが——多くの人にとってはまさに驚くべき明瞭さで——とても大切なことであると考えていたのは、重要な箇所で「テンポ」と「拍」に全く正確に演奏することでした。たとえばベートーヴェンの《レオノーレ》第3番序曲のリハーサルの録音を聴くとそれがわかります。

**鑑賞5：ベートーヴェンの《レオノーレ》第3番序曲のリハーサル／フルトヴェングラー（1948）**

　ヴィルヘルム・フルトヴェングラーのテンポによる作劇法がいつも目指していたのは、音楽的な統一の中でできる限り多様な性格を示すことであり、また音楽的な多様性において最大限の統一性を得ることでした。この点で、フルトヴェングラーはよく言われるようなロマン的な音楽家というより、むしろ古典的な音楽家だったのです。非常に謙虚であり、音楽家として自然なものに源を持っていたフルトヴェングラーにとって重要だったのは、「ロマン的な」だけのものに耽ったり、感傷的なものがほんの少しでも入り込むのを避けるということだったのです。感情はしばしば最も強いものでも良いが、感傷性はどんな色のものでも駄目でした。これは彼の演奏の基本テンポにも作用を及ぼしました。そのテンポは、模範的で古典的と見なされている彼の同僚指揮者たちの多くがとるテンポよりも、しばしばさらに活発でよどみなく厳格でもありました。

　彼の指揮するヨーゼフ・ハイドンの交響曲第88番ト長調のラルゴ楽章、ベートーヴェンの交響曲第4番のアダージョ楽章、またモーツァルトの「グラン・パルティータ」のアダージョ・ロマンツェなどは、特にそういうことを感じさせてくれます。あるいはモーツァルトの交響曲第40番ト短調のアンダンテもそうです。

　最後にこの交響曲から第1楽章の全部を聴きましょう。劇的には抑制されているが、はっきりと野性的なモルト・アレグロの性格を持ち、ト短調の陰

影のうちにありながらも響きはまさに至福の明るさがあります。一言にして言えば、この音楽のこれ以上の古典的な演奏はないでしょう。

**鑑賞６：モーツァルトの交響曲第 40 番ト短調 KV.550 より第 1 楽章／フルトヴェングラー（1949）**

ヴェルナー・テーリヒェン

# フルトヴェングラーに見る、演奏の魅力と誠実

　親愛なるフルトヴェングラー夫人、わが淑女と紳士の皆さん。あるいはこうも言えるかと思います。親愛なるフルトヴェングラーの家族の皆さん！

　実際のご家族の何人かはここに列席しておられます。しかし、彼を知っている者である私たちは、一つの大きな家族のように自分たちを感じるでしょう。フルトヴェングラーは、これ以上強いものを体験できないほどの共同体を創造することができました。
　フルトヴェングラー夫人、あなたは彼と結婚なさいましたが、私たちもそうなのです。もし、指揮者とオーケストラが結婚できるものと考えるなら、そうしようとした例はたくさんありましたが、実際に指揮者と結婚しているのは誰なのか、とちょっとした議論（あるいは冗談）が始まってしまうかもしれません。しかし事業家ですら、自分の家族よりもしばしば自分の事業と結婚してしまっているのです。だとしたら、感情と芸術の領域では、どんなにたくさんの結婚が生じるでしょうか！

　フルトヴェングラーについて本を書くことを求められ、時間を遡って思い出してみたことがありました。当時はたくさんのことを思い出したのです。それから私は、それらのことを熟考し文章にし始めましたが、その際に大変多くのことを学びました。前に書いたことをここで披露するべきかどうか、私には迷いがあります。かなり多くのことを書きとめ、それを推敲してきましたが、結局そのままにしました。やはりここでも私は全く何も言うことはできないでしょう。「こうやああだった」と言ってみたところで意味がない。私たちは自分が体験したことを話すことはできるでしょう。しかし、どんなものも違って伝わってしまう。私の印象についてなら喜んで話しますし、フルトヴェングラーが私たちに生じさせたものを、いくらかでも追体験してもらうことを望んでいます。ところが、彼は何もしなかった。いくらかでもし

たりすることはなかったのです。彼は私たちを強いたりもしませんでした。権威によって強制したりはせず、ただ夢中になっていました。いかに人が音楽を愛することができるのか、彼は私たちに自ら範を示していたのです。そして、これは120名の楽員の中でそこから逃れられる者は一人もいないほど強烈なものだったのです。

　私のお話の始めに、私の2冊目の著作から少し引用をしたいのです。この本のタイトルは『繰り返されるバビロン、あるいは魂の言葉としての音楽』（訳注：邦訳『あるベルリン・フィル楽員の警告〜心の言葉としての音楽』　平井吉夫、高辻知義訳　音楽之友社）といいます。

　いかにフルトヴェングラーが高みにいたかを考えれば、彼は立派なキャリアと名望を持った人に属する、と言えるかもしれません。しかし、私は思うのですが、彼にあってもっと重要なのは、人が感情の地平で動かされる時、その言葉と環境がどうあるべきかを示すことでした。そもそもこれが決定的に重要なことだったのです。

「他のなにものにもまして私に多くを語りかける声がある。それは自己の、内なる声だ。ところが今日では外からの作用や影響があまりにも多大かつ優勢なので、多くの人々の自己の声は響きも意義も失ってしまった。だが自己の音に耳を傾けなくなれば、他者の内なる音を聴く力も失う。そうなると音の質や特性をもはや判断できず、そのためやすやすと安っぽい宣伝や誘惑の犠牲になってしまう。」（『あるベルリン・フィル楽員の警告〜心の言葉としての音楽』）

　もしフルトヴェングラーが話すのを今聞けば、つまり録音テープから「均等に」とか「テンポに正確に」という彼の言葉が聞こえてくると、少しにんまりしてしまうに違いありません。彼はまさにこの方向でいくつかのことを言っています。しかし、彼がその後にしたことは、幸いにも全く本質的に違っていて、どんな説明よりもはるかに美しかったのです。

　彼が自らを開示したことによって、フルトヴェングラーから発散したものは感動的でした。彼は自らを開示しなければならなかったのであり、それ以外のことはできませんでした。彼はオーケストラに「これはこうしなければならない」と言うことはできず、前もって全てを自ら「体現」していなければ

ばならなかったのです。それから彼は身体の言語で、この音楽が彼の中で引き起こしたものを理解させたのでした。これは私たちにとって、それ以上のものがないほど誠実で説得力のあるものだったのです。

　今日のお話のテーマは「魅力と誠実」です。魅力と誠実は誰かに占有されるべきものでなく、誰にでも体験され評価されうるものです。それがフルトヴェングラーについてはどうだったか、ベルリン・フィルの楽員たちにおいては大多数の者が同じように感じることができました。感じるというのは主観的なことです。もし今この感覚が測定されるべきであり、私たちがもっぱらそれについて話すとしたら、私は皆さんに寛大であることをお願いしたい。私が皆さんに当時あったことについての知見だけをお話しするのではなく、私自身が魅了されたことによって、フルトヴェングラーが私たちにさせたことを少しでも感じていただけるなら、そのほうがずっとよいと思えるのです。

　フルトヴェングラー自身が確かにいつもいくらか不安定でした。しかし、彼を駆り立てていたその疑いは、物事の根底を究め、さらに深い叡智がある場所に至るためには重要なものだったのです。

　私が彼といかにして知り合ったか、いくらか述べたいと思います。『フルトヴェングラーかカラヤンか』[1]という本の中で私はこう書いたのです。

「第二次大戦が終り、捕虜収容所から釈放された私は、大学で2学期神学を勉強したあと(ハンブルクの国立フィルハルモニーを経由してベルリンの国立歌劇場管弦楽団に就職した。国立歌劇場は当時フリードリヒ・シュトラーセ駅のそばのアドミラルパラスト・ホールで公演を行っていた。私は数々の素晴らしい上演を思い浮かべることができるが、1947年暮れの「トリスタンとイゾルデ」の稽古は比べるものがなかった。指揮台にはヴィルヘルム・フルトヴェングラーがいた。彼との最初の出会いがこれだった。

　国立歌劇場の年長の同僚は、フルトヴェングラーがフィルハルモニーの演奏会を引き受ける前からすでに指揮していた国立歌劇場管弦楽団のシンフォニー演奏会と歌劇上演を通じて彼を知っていた。戦中戦後の混乱による永い不在のあと初めて稽古に現れるフルトヴェングラーを、同僚たちはおごそ

---

[1] Thärichen, Werner: Paukenschläge – Furtwängler oder Karajan, M&T Verlag, Zürich, Berlin, 1987

かな気分で待ち受けた。

　そのとき彼が振り下ろしたタクトの最初の一振りを私は忘れることがないだろう。前奏曲は斉奏チェロのアウフタクトで始まる。フルトヴェングラーはその右手をきわめてゆっくりと沈めていった。私はかたずを呑んだ。こんな指図ではどうやって弾き始めたらいいのか。私は待ち受けた——そして、無のまっただなかから忽然として、限りなく充実して温かい、よく透るチェロの音が展開した瞬開がいつだったのか分からなかった。そしてそのあと、音楽がしだいに組み上げられ、たかまっていく。前奏曲の頂点で私はティンパニーで２小節をクレッシェンドしながらトレモロで叩かねばならなかった。その２小節があんなにも永くなり得るとは予想もしていなかった。解放の下降が始まる瞬間がどれほど待ち遠しかったことだろう。絶頂を際立たせる和音の響きは私たちに襲いかかったが、その衝撃は単に音の強さだけでは説明できないものだった。フルトヴェングラーは弓なりに身を反らし、自分が呼び起こした大浪のような響きを精一杯受けとめようとするかのようだった。

　フルトヴェングラーが指揮するとき、開始の和音をどう揃えるかの問題はどの奏者もよく知っている。しかし、演奏が始まったあとも、フルトヴェングラーがテンポを落として「彼独特の」響きを待ち受けるときも、足並を揃える困難さは決して減じていなかった。クレッシェンドの２小節の最後で、目安となるオーケストラの他の楽器がまったく聞こえなくなるほど、ティンパニーの音は大きくなる。フルトヴェングラーはついに次の小節の頭を振り下ろした。だがそれは一打で振り下ろすのではなく、準備を促すさまざまの動きを伴っていたので、私も、他の楽員も、全員を合体させる和音の瞬間を自身で感じ取らねばならなくなった。他の楽員ならきまった長さの音を弾けばいいのに、ティンパニー奏者には一打ちのために１秒の数分の１しか与えられていないのだ。集中力は類例のないほどに要求された。

　そしてそのような絶頂のあとに下降が始まる。

　だが、それは単なる解体とも、音量の減少ともまったく違っていた。むしろその反対であって、それは偉大な体験をじっと手放さずにおこうという、まさに印象的な行為にほかならなかった。彼は何か貴重なものを私たちの眼の前に示そうとするかのように左の掌を開き、総譜にディミヌエンドが記さ

れ、楽器編成がしだいに薄くなっていってもそれをやめなかった。彼はその響きをどうしても手放そうとせず、音量は減らしながらも音楽の密度はむしろたかめていった。すでに鳴り響いた音楽のあとに生じた総休止の中に、何とおびただしい音楽が知覚されたことか。私はもう息がつけなくなり、肌は汗ばんできたが、それまでいろいろと大オーケトラでの経験がありながら、そんなことは初めて体験するところだった。同僚たちと話して確かめたことだが、彼らも同じような感情から逃れられないようだった。演奏の途中にはそのような密度からはずれる小節は一つとしてないのだった。数時間のヴァーグナーのあと、私はこの上なく幸せな疲労感に浸っていた。何しろ、壮大な事業に参加していたのだから。

　強烈な感情のおもむくまま音楽に没頭するフルトヴェングラーは、よくロマンティストに分類される。それがあたっているかどうかは別として、彼のなりふりかまわぬ熱中こそ、あらゆる作品の解釈にあの徹底性を造り出しているのだと私には思える。

　フルトヴェングラーが指揮したあとの『トリスタン』公演はゲオルク・ショルティが引き継ぐことになっていた。彼はこの曲の総譜について彼自身が抱いていた考えを実現しようとし、単に「指揮のまね」だけに留めたくなかったので、それに見合うだけの練習を要求していた。前奏曲の冒頭のチェロのアウフタクトのために彼はさらにアウフタクトを振って、楽員すべてが指揮者の促しを受け、その明快な棒さばきに従えば大舟に乗った気持になるように全力を傾注した。

　いずれにせよ、ショルティの出すサインはフルトヴェングラーよりはるかに明瞭だったから、誰もが満足できるはずだった。実際、皆は満足したかも知れなかったが、それはショルティの前にフルトヴェングラーが振っていなかったとしての話である。ショルティは他人の刻印の残っているような上演で満足するには余りに個性がはっきりしていた。彼はそれまでに別の解釈を創り出し、この作品に対しても別の関り方を確立していた。しかし楽員たちに、フルトヴェングラー流のヴァーグナー体験から離れる気はさらさらなかった。彼らは体を硬くして、ショルティのサインには嫌々従った。彼は腹を立てて去っていった。・・・

　こういった情況はのちにもベルリン・フィルで出くわしている。著名で卓

越した指揮者が上演作品に彼自身の解釈の刻印を捺そうと練習の追加を求めることがあった。だが、いざ公演になってみると、彼らはこのオーケストラはフルトヴェングラーの刻印が強すぎて、他の人間の見解に対しては全然実力を発揮できないことを認めて、諦めざるを得なかった。」(『フルトヴェングラーかカラヤンか』高辻知義訳　音楽之友社)

　賢いということは、この場合ほとんど邪魔になります。なぜなら、演奏において最も大事なことを成し遂げられるこの地平では、もっと多くのことが必要だからです。感情の知性、忘我の献身が必要なのです。そして、これをフルトヴェングラーは全く高い度合いで持っていたのです。

　人間というものが身体、精神、心情で成り立っていると考えてみると、たいていの人はこう思います。身体は鍛えることができる。精神もだ。しかし、心情はどうやって？　お気をつけを！　そこにあるのは注意深く扱わねばならないものなのです。そもそも人間において最も大事なもの、人間を作り上げている心情が全く損をしているということには、ほとんどの人が気づいていません。この認識をいかにして説明したらよいでしょうか？　繊細な感覚というのは、大学での精神科学のように学べるものなのでしょうか。私は多くのことを学ぶことができます。しかし、フルトヴェングラーのかつての境地に至るためには、感受性や感情表現の可能性をどうやって高めたらよいのでしょう？　そもそも、それは可能なのでしょうか？

　私たちはそれを試みてきました。子供じみた苦労です。誰もフルトヴェングラーのようにはなれないでしょう。しかし、本質的なものを私たちはそこで作り出すことはできました。どんな人も数歩を敢えて踏み出すことができ、「自分は今や彼にいくらか近づいた」と言いました。私たちは自分の内奥を体験するために、自分自身を開かねばなりません。

　既にフルトヴェングラーが演奏していた当時、現代的な人々はいました。彼らは言ったのです。「やれやれ、フルトヴェングラーというのはそこに立って何をやっているのか！　こんなことは許されることじゃない！」　フルトヴェングラーは自分の気分を、この音楽に感じたことを示したのです。作品に即して正しくあるために、私たちは態度を保留し、感情を見せないようにするべきなのでしょうか？　「この作曲家は今ではただこのように演奏さ

れねばならない」とか、「彼はある世紀ではこのように演奏されるべきだ」などという手引きがありますが。

　私たちはとても賢くなることができます。しかし、賢さはその際それ以上は私たちを助けてはくれません。私がフルトヴェングラーによって教えられたのは、私たちの内なる声こそがそもそも最も重要なものであり、それが人を感動させ一つにするということです。

　ベルリン・フィルのリハーサルでは、［セルジュ・］チェリビダッケが私のティンパニの隣りにしばしば座っていました。私たちは前に総譜を置き、解釈について話し合ったものです。実に刺激的な体験でした。指揮者というのは、彼らが若い駆け出しの頃でも、たいていは自分を最も偉大であると感じているものです。彼は他人のリハーサルを聴きに行くのに躊躇しなかった。その時、チェリビダッケはベルリン・フィルと演奏会や演奏旅行をしていて、既にとても知られていたのです。しかし、彼はさらに自分が学ぶべきことを知ろうとしたのです。

「ある日のこと、私はティンパニーに向かって腰かけ、ある客演指揮者の稽古が続いている間、前にひろげた総譜を追い、楽器編成の細部に没頭していた。ふつう、練習は公演に必要なことすべてについて意思の疎通をはかるために行われる。合奏の揃い具合が吟味され、テンポと強弱が決められ、ときとしてピッチが修正されたり、曲の根底にあるはずの作曲者の意図を指揮者が講釈してくれたりするが、曲の響きや造形の究極的な仕上げは実際の演奏の際に取っておかれるので、私はごくくつろいだ気持で総譜に没頭し、演奏を追いかけていればよかった。

　突如として音色が一変した。もう全力を投入する本番ででもあるかのような温かさと充実が現われた。狐につままれたように私は総譜から眼を上げ、指揮棒の斬新な魔術が奇跡でも起こしたのかと確かめようとしたが、指揮者の身の回りには何一つ変ったことはなかった。次に同僚たちに眼を移すと、彼らは皆ホールの端の扉の方を見ていた。そこにフルトヴェングラーが立っていたのだった。

　彼がただそこに立つことだけで、それはどの響きをオーケストラから引き出すことができるのだ。」（『フルトヴェングラーかカラヤンか』）

一人の人間がただ現われただけで突然に他人において物事を生じさせるというのは、どうしたら可能なのでしょう？　そもそもそれを意図したとしても達成されない物事をです。そこでは全く他の物事が影響を与えたにちがいない。
　この魅力の秘密を探るため、ベルリンの放送局がリハーサルを録音しようとしたことがありました。音楽編集者たちが信じていたのは、全てのことはリハーサル中に仕組まれ定着させられているからこそこの魅力が生れる、ということでした。彼らはリハーサルにやって来て言いました。「博士、どうぞ何度でも止めて、どうしようとするのか、たくさん話して下さい。」　フルトヴェングラーは既に不思議そうな顔をしましたが、やってみようと言いました。私たちはどんどん演奏し、ずいぶん時間が経った時、スピーカーから大きな声がしました。「博士、あなたは演奏を止めて稽古をしたくないのですか？」「いいえ」と彼。「だって、美しいではありませんか？」　もし、それが気に入るくらい美しいなら、何か月並みなことを言うために演奏を止めるのは彼には不誠実に思われたのでしょう。すぐにしゃべりたて、中断し検証しようとする指揮者はたくさんいます。しかし、それはこの場合そもそも正しくなかったのです。ついに放送局の人たちは引き揚げてしまいました。全く期待外れだったというわけです。彼らは何らかの経験をしたのでしょう。でも、それは最も重要なことがわかっていませんでした。
　あるリハーサルのことを思い出します。彼は演奏を中断し全く何も言いませんでした。私たちは待っていました。「もう一度・・・」と彼は言いました。再度聴きたいと思ったのです。それから彼はまた中断し、何も言いません。しかし、私たちは彼のことを全くはっきりとわかっていました。彼はそうしたがゆえにこの音楽の本質と精神に到達することができたのです。だから、彼はこういうことができないと感じた時は、プログラムをも変更したのです。フルトヴェングラーはそもそもこのようなことを説明することはできませんでした。この感覚が彼にとっては作曲家との精神的な絆のようなものであったからです。そして、ここでは彼は意見の一致を必要としたのです。だから、棒を使った彼の指揮も「拍を刻むこと」ではありませんでした。むしろ指揮棒は、作曲家が彼に言わんとしていることを感じ受け取ることのできるアンテナのようなものだったのです。これら全てのことは彼だけに向け

られていました。そして彼はこの感受においては、オーケストラや多くの聴衆の存在がありながらも、単独であり孤独であったのです。

　この魅力について、私は多くの同僚と話し合いました。心理学者はこの「自身への没入」や「実りへともたらさせること」を「女性的な方法」であり、精神的な受胎であるとしました。一方「男性的な方法」を、規定し要求する方法であるとし、さらに、競争の思考とこれから生じる一切のものを付け加えました。確かにこれらは、女性的な方法に対しては正反対のものです。

　オーストリアで行われた指揮講習会で、私たちはフルトヴェングラーの方法を追いかけようとしました。それはそう単純なことではありませんでした。しかし、私たちはみな、この「自分で自分を吟味するために自らの内に受け止めること」は、おそらく自らの感受性を高めるための一つの方法であると確信したのです。これは全てがさびしい練習でした。私たちはオーケストラを用いないのです。しかし、誰もが音楽を自らの内に持っています。各人が立って「彼の」感動を身振りで表現すると、他の人はその出来事を指を使って評価するのです。その際、人は半分、あるいは4分の1もできませんでした。それは何と痛ましいことでしょうか。しかし、どうすればよいかを私たちがはっきりと理解すれば、全てがうまくいくようになりましたし、そこから非常に多くの利益を得たのです。ある人の親指がしばしば上を向くようになっても他の人の多くにはそれができない時、私たちは人がいかに評価されているか、またさらに何をするべきかを知ることができました。これは究極の最終的な出来事ではありません。人は迷うこともあるでしょうし、他人の審査をするならなおのことそうです。しかし、それは他の方法では獲得できない熟考と同感のためのきっかけになります。いつ（上官としての）指揮者というものは、自分が意見を言われた時それに素直に誠実になれるのでしょうか？　人が自分は他の者よりもずっと賢いと思うことで、私たちの世界は「冷却し堕落している」のかもしれません。

　フルトヴェングラーを師として倣うことは、謙虚を練習することです。イエナで多年ヴィルヘルム・フルトヴェングラー学会が開かれ、他の職業の人々や政治家ですらもっと謙虚さを求める方法に向かうなら、それは興奮させるすばらしいことでしょう。この道は目的を持っており、この方向は私たちに、フルトヴェングラーをその内面と外面の感動と共に告げ知らせてくれ

るのです。

　私の人生で最大の体験は、やはりフルトヴェングラーが亡くなった時のことです。オーケストラにとって、彼の死去のニュースは全く思ってもみないことでした。何人かの同僚と立ち話をしている時、その中の一人が言ったことを今でも当時と同じように思い出すことができます。「彼がもう生きていないのなら職業を変えたいよ。」　よく考えなければなりません。ブラームス、ベートーヴェン、そして全ての交響曲はまだありました。何百人もの指揮者もです。しかし、フルトヴェングラーの演奏を標準にすると、それら全てはないも同然になってしまいました。実際この魅力は理性的に説明できるものではありません。

　「この職業のためにここやそこで勉強しなければならない。どこにでも旅行して、全てのコースにいなければならない」というのは無理なことです。そのための大事なことを経験していてそれを伝えることができる人間と出会う時に、人は幸せになるのではないでしょうか。

　感情に向き合うことは難しいことです。私が音楽学校で学んだのは、まず一度技術を習って全てできるようになったら、そこに感情も入れてよろしいというものでした。これはほとんど正しくない方法です。なぜなら作曲は感情の地平において成立させられるからです。作曲家というものは、それをするように感じていたのです。

　ですから、音符の背後にあるであろうものに、最初から心を配ることも重要なのです。感情は決して暖かみや充実ばかりではなく、空虚や冷たさというものも表現できます。これはおそらく暖かみよりもはるかに強い感情でしょう。この感情生活をさらに豊かに作り上げ強めることは、私たちがもっとじっくりと熟考するべき事柄なのです。世界は病んでいます。私たちは金や名声に群がり、指揮者や企業の指導者としてキャリアを成そうとしています。しかしもっと重要なのは、自分自身や自らの努力も永遠性との関係において考えて謙虚になり、内面性を見つめて生きることなのです。

　フルトヴェングラーは私たちに未来への道を示してくれました。私たちは皆、学びすぎ、急ぎすぎたために、とても多くの残酷なことがこの世に起こっていることをひたすら体験せざるをえなくなっているのではないでしょうか。フルトヴェングラー自身はこれまで最も残酷なことが起こっていた時

代に生きました。彼はしばしばナチの時代と関連させられますが、全くナチとは別の存在でした。彼は権威主義的に、もしくは独裁者的になるという考えに至ったことはなかったでしょう。

　これら全てのことが過去のものになってはなりません。この町には多くの学生がいますし、この会場には少ないですが若い人々がいます。そこで人は何ができるでしょうか？　私自身は、フルトヴェングラーの本質を理解し彼について1冊の本を書こうとしたことによって、多くの新しいことを識ることになりました。今、私はフルトヴェングラーについての音楽劇を作ろうとしています。私たちはテーマとしてヨナを呼び出しました。しかし、かつてしばしば神学者から説明されたような方法によってではありません。ヨナは「従順へと教育されねばならなかった」のです。それゆえ、彼は大洋に投げ込まれ、鯨の腹の中に入り、ついに従順になります。しばしば神自らがその被造物を指導することがあると思います。神はヨナがとても誠実であったから彼を用いたのです。〔訳注：後にこの音楽劇は《あと四十日》として完成し、ヤマハ音楽振興会の助成を受け2005年に東京フルトヴェングラー研究会が東京で世界初演を行った。テキストの翻訳、演出、指揮は野口剛夫。〕

　もし私が、フルトヴェングラーによって伝えられたような誠実さの特別な態度を経験しなかったとしたら、ヨナについての作品を書こうとする勇気は湧き起こらなかったでしょう。フルトヴェングラーは44年前にこの世を去りました。ベルリン・フィルには、彼の指揮のもとで演奏した楽員はもういません。引退した何人かの老人だけが、彼をまだ回想できるにすぎない。これらの回想が今後も生命を保つとしても、それは過去の時代に関することなのです。

　老人が過去のことを夢見ていたら、少しこっけいに思われないでしょうか。フルトヴェングラーも彼の生きた時代と和合してはいなかったのです。しかし、彼の芸術への献身の思いと態度は時間を超えたものであり、これは古代ギリシャの知恵があらゆる時代に妥当しているのと同じです。

　反対に、もし偉大な魂の開示に感情移入し自らを与えるということを考えなかったら、私たちの未来は危険です。マルガレーテ・ミッチャーリヒは、それなくしては未来がなくなってしまうものを「女性的な性質」と名付けています。フルトヴェングラーは体験でも形成でもまたその外見においても、

男性的であると同時に最も女性的でした。これらの性質は、双方向からつながっていて、お互いを貴いて豊かにします。そのような感覚と存在を書き表すのが易しくないということはわかっています。私たちはそれらを全く単純に愛と名付けることができるかもしれません。芸術への愛――創造の愛、――人間への愛。

ロジャー・アレン

## ヴィルヘルム・フルトヴェングラーとイギリス

　ここイエナでヴィルヘルム・フルトヴェングラーの音楽遺産に捧げられたこの会議に参加できますことを嬉しく思います。私のフルトヴェングラーへの関心は、彼の《トリスタンとイゾルデ》の有名な録音のコピーをもらった時に始まりました。当時の私は16歳。それ以来、彼の生涯と仕事への私の興味は減じることなく続いており、彼の録音と著作をかなり集めてきました。確信するのですが、彼は偉大な指揮者であるのみならず、偉大な作曲家であり、深くて独創性のある音楽思想家であったのです。たとえ一人のイギリス人がドイツでのシンポジウムでフルトヴェングラーに関する講演を試みて要領を得なかったとしても、皆さんは許して下さらないといけません。しかし、私は皆さんの偉大な音楽家を同じように尊敬し賞賛しております。

　フルトヴェングラーのイギリスとの関係は、彼が1924年に初めてロンドンを訪れた時に始まり、1954年3月のロイヤル・フェスティバル・ホールでの最後の演奏会まで続きます。彼の死の6ヶ月前までです。私に許された時間で多くの活動について十分な説明をするのは難しいため、ここでは彼の活動の3つの局面について述べることにさせていただきます。すなわち、ロンドンでの最初の登場、1937年の戴冠式の年にコヴェント・ガーデンで行われたオペラの国際的なシーズンにおける『ニーベルンクの指環』上演、そして彼の楽旅が私の住居と仕事場がある大学の町オックスフォードに及んだ1948年にベルリン・フィルと行った一連の演奏会であります。

### 最初の訪問

　ロンドンへのフルトヴェングラーの最初の訪問は、ロイヤル・フィルハーモニック協会の招きによるものでした。この組織を、フルトヴェングラーの友人であり同僚のサー・トーマス・ビーチャムによって1946年に設立されるロイヤル・フィルハーモニック・オーケストラと混同するべきではありま

せん。このロイヤル・フィルハーモニック協会の前身であるフィルハーモニック協会は、1813年にイギリスにおけるオーケストラと室内楽の演奏を促進するために設立されています。1822年にこの協会は50ポンドをベートーヴェンへ第9交響曲のために送り、1827年には協会のメンバーたちはこの作曲家の死去に際して、当面の必要な経費にあててもらうべく100ポンド送金することを決定しました。19世紀の間には、メンデルスゾーンやヴァーグナーなどヨーロッパの指導的な音楽家の多くがこの協会と演奏会をしています。20世紀の初めの頃でも、この協会はイギリスで最も重要な音楽団体であり続け、BBCが設立されるまでは演奏会や音楽イベントの開催では先頭に立っていました。ロンドンのクイーンズ・ホールで行われる協会の演奏会の一つに出演するよう招待されるということは、海外の主要な芸術家がイギリスの聴衆に紹介される最高の方法だったのです。1924年1月24日、フルトヴェングラーはロイヤル・フィルハーモニック協会のオーケストラを指揮し、ヘンデルの合奏協奏曲、シュトラウスの《ドン・ファン》、そしてブラームスの第1交響曲を演奏します。この演奏会ではレイフ・ヴォーン・ウィリアムスの歌曲集《ウェンロックの断崖で》の管弦楽版も作曲者の指揮で初演されました。これもまさしく一流のイベントでしたが、ライプツィヒとベルリンでのアルトゥール・ニキシュの後継者による、ロンドンでの最初の登場とは全く無関係のものです。

　「ミュージカル・タイムズ」紙は、フルトヴェングラーが熱狂的に歓迎されたと報じ、彼の演奏をその真摯さと完成度のゆえに賞賛しています。
「その真面目で共感的な思想が、彼のすること全てを支配していた。彼の二心のない没頭については疑いの余地がない。彼はシュトラウスを大変に真面目に扱う。自分が指揮している作品を信じていない指揮者たちに対して、彼は非常な優位に立っており、私たちに自分の心の温かみを打ち明けることにおいては全く怠ることがなかった。」

　イギリスにフルトヴェングラーがベルリン・フィルと初めて登場したのは、1927年12月のことでした。彼はロンドンで2回、マンチェスターで1回の演奏会をしています。批評家たちはベルリン・フィルのすばらしく深い演奏表現について、感銘を受け賛嘆し、聴衆の熱狂も極めて大きなものでした。ロンドンでの2回目の演奏会は巨大なアルバート・ホールで行われましたが、

満員になりました。

この演奏旅行が非常な成功をもたらしたため、イギリス訪問は1938年の国際的な事件が遮るまで年中行事となります。

## コベント・ガーデンでのオペラの戴冠式シーズン（1937年）

フルトヴェングラーのイギリスにおける名声は揺るぎないものとなり、彼は当時イギリスの指導的な指揮者であるサー・トーマス・ビーチャムから非常に称賛されることになります。ビーチャムはロンドンのコヴェント・ガーデン歌劇場の上演シーズンを構成する責任者であり、フルトヴェングラーのオペラ指揮者としての才能がイギリスの聴衆に知られるべきだと確信していたのです。コヴェント・ガーデンにフルトヴェングラーが初めて登場したのは1935年5月で、《トリスタンとイゾルデ》を2回指揮しました。彼が極めて感動的な上演を行ったからこそ、後にビーチャムがオペラの国際的シーズンを企画して1937年のジョージ六世とエリザベス女王の戴冠を祝おうとした時も、ビーチャムはフルトヴェングラーに『ニーベルンクの指環』を指揮することを求めたのです。プロデューサーはベルリン国立歌劇場の支配人ハインツ・ティーチェンになる予定でした。

仕事の調整はベルタ・ガイスマールによってなされました。この極めて有能で知的な女性は、フルトヴェングラーの秘書を1936年まで勤めた後、ロンドンに移りサー・トーマス・ビーチャムのために働いていました。彼女のヨーロッパの首都を股にかけての音楽活動を支える広汎な知識、卓越した交渉力は、戴冠式シーズンのためにヨーロッパ最高のキャストを集めたいサー・トーマスにとって、計り知れないほど貴重な助けでした。1936年の夏、ビーチャムはフルトヴェングラーが《パルジファル》と《ローエングリン》を指揮していたバイロイトを訪れます。2人は翌年のためにスケジュールを相談して調整し、その過程でベルリン国立歌劇場とコヴェント・ガーデン王立歌劇場の間には強い絆が結ばれました。唯一の困難が生じたのは、ブリュンヒルデ役のキャスティングについてでした。ロンドン子たちは当時ブリュンヒルデとして実力を発揮していたフリーダ・ライダーをとても賞賛していました。しかし、一つのツィクルスのために彼らは新たに有名なノルウェー

のソプラノ、キルステン・フラグスタートを望みます。彼女の演じたイゾルデは前年にロンドンでセンセーションを引き起こしていたのです。マダム・フラグスタートは1937年はずっとアメリカに留まる予定でしたが、この戴冠式シーズンの公演に参加したいと強く望みました。そこで彼女は予定を調整することを約束したのです。ラウリッツ・メルヒオールは一つのツィクルスでジークフリートを歌うことになり、バイロイトとベルリンのジークフリート歌いであるマックス・ローレンツはもう一つのツィクルスで歌うことになりました。

　1937年の戴冠式の年、フルトヴェングラーがイギリスを最初に訪問したのは3月で、彼はベートーヴェンの第9交響曲をロンドン・フィルおよび合唱団と共にアルバート・ホールで演奏します。5月1日には再びこの作品をベルリン・フィル、ロンドン・フィル合唱団、そしてエルナ・ベルガー、ゲルトルーデ・ピッチンガー、ヴァルター・ルートヴィヒ、ルドルフ・ヴァツケというドイツの一流ソリストたちと取り上げます。これは、彼が自らの音楽的精神の中心と考え畏敬の念を持っているこの作品を自らのオーケストラと外国で演奏した最初の時となりました。「ミュージカル・タイムズ」紙は次のように報じました。

「この演奏の持つ一貫性、情熱、劇的さや崇高さについては、それを聴いた全ての人が思い出すことだろう。この時は非常に興奮してしまい、実際の演奏をどの程度受け止められたのかはわからない。しかし、楽譜にpと書いてある箇所がppへとこっそり変えられたり、打楽器のロールが激しい力によって過度に鳴らされた時に、それらをまるで管理人のようにいちいち記録するなどというのは馬鹿げたことに思われた。」

　次の日のプログラムは、ハイドンの交響曲第104番、《コリオラン》序曲、そして当時イギリスでは滅多に演奏されないブルックナーの第7交響曲でした。ブルックナーの交響曲は大胆な選択でした。なぜならブルックナーは当時のイギリス人には極めて否定的に受け取られていたからです。彼の交響曲はつかみどころがなく、くどいと思われていました。批評には賛辞はほとんど見られません。「ミュージカル・タイムズ」はこう記しているだけです。「この時の演奏は、指揮者とオーケストラが海の中を必死にもがいているようなものにはならなかった。」

この後ベルリン・フィルはドイツに帰りましたが、フルトヴェングラーは残り、すぐに『ニーベルンクの指環』のリハーサルを始めます。戴冠式そのものは5月12日で、その翌日から最初のツィクルスが始まりました。キャストは、ミーメ：エーリヒ・ツィンマーマン、ジークムント：フランツ・フェルカー、ジークリンデ：マリア・ミュラー、ジークフリート：マックス・ローレンツ、ブリュンヒルデ：フリーダ・ライダー、ヴォータン：ルドルフ・ボッケルマンでした。第2ツィクルスでは、ジークフリート役のローレンツの代わりをラウリッツ・メルヒオールが務め、キルステン・フラグスタートがロンドンでブリュンヒルデを初めて歌うことになります。オーケストラ・ピットにはロンドン・フィルが入りました。このオーケストラはビーチャムによって1932年に設立され、イギリスのオーケストラ演奏に新しい規範をもたらした団体です。イギリスの他のどんなオーケストラよりもドイツ風のサウンドを持つ、と一般には考えられていました。ガイスマール博士は臨時オーケストラ・マネージャーとして楽員リストに名を連ねています。

　これらの上演は、今ではイギリスのオペラ史の一部になっています。報道の反応は、時代のスタイルにおいて変えられてはいますが、総じて好意的なものでした。

　「ミュージカル・タイムズ」はやや変わった観察をしています。
「2つのツィクルスはフルトヴェングラーによって指揮された。近年の彼は最も考え深い、繊細で微妙な色合いの解釈をする。オーケストラがおとなしすぎると思う人もいくらかはいたが、歌手の声はよく通って来た。」

　ロンドンの「タイムズ」紙は次のように報じています。「フルトヴェングラー博士は3つの先行する劇を用意周到に提示していたので、その印象が累積し、長い終曲も長くは感じさせなかった。最終夜の彼の演奏には、いかなる呼吸や身振りの無駄もなく、さらなる推進力があった。」

　指導的な批評家でヴァーグナー研究者のアーネスト・ニューマンは、フルトヴェングラーの信奉者ではなく、「サンデー・タイムズ」にこう書いています。

「フルトヴェングラーとオーケストラは私たちに極めて洗練された演奏を聴かせてくれた。しかし、総譜の最も偉大で想像をかきたてる高みが極められることはなく、最も深遠な深みが経験されることもなかった。」

幸運にも私たちは批評家たちの判断に寄りかからなくてもすみます。レコード会社HMVが5月26日の《ヴァルキューレ》第3幕と、6月1日の自己犠牲の場面を含む《神々の黄昏》抜粋を録音してくれているからです。これらを聴けば自らで批評できます。音質はもちろん問題になりませんが、これらの録音が教えてくれるのは、経歴のこの時点でフルトヴェングラーがヴァーグナー三部作についていかに強烈で情熱的な読みをしていたかということです。歌手たちのキャストは当時ヨーロッパで集められる最高のものであり、オーケストラは最良のイギリス人楽員を含んでいました。そしてフルトヴェングラーとフラグスタートは、15年後に《トリスタンとイゾルデ》によってあらゆる時代のレコード録音の中でも頂点を極めることになる、芸術的パートナーシップを始めたのです。この2人の芸術家の間の音楽的な類似性は、特にボッケルマンのヴォータンの高貴さや経験と結びついた時、白熱した激しい瞬間を生み出しました。そして、その演奏にはわくわくさせるような劇的な勢いと瞬間が満ちていました。そういうものは後の録音や生演奏ではめったに見られません。

　これらの上演が示したのは、イギリスのオペラ界の両大戦間における頂点でした。フルトヴェングラーは翌1938年にはコヴェント・ガーデンへの最後の客演をします。そこでは彼は再び『ニーベルンクの指環』を2ツィクルス指揮しました。再び彼がイギリスで指揮するのは10年後のことになってしまいます。

　1948年の2月と3月、第二次大戦後初めてフルトヴェングラーはイギリスへ戻り、ロンドン・フィルを指揮し、ロンドンや様々な地方都市で10回もの演奏会をしました。その年の9月には、彼はエジンバラ音楽祭でローマの聖チェチーリア音楽院管弦楽団を指揮し、同じ月のうちに戻ってきて、ロンドンのアルバート・ホールで5回の演奏会をヴィーン・フィルとしています。しかし、彼の最も重要な訪問は、手兵のベルリン・フィルと1948年12月に行ったものであり、その時はロンドン、リヴァプール、バーミンガム、そしてオックスフォードで演奏会をしました。

　ベルリン・フィルをイギリスに招待したのはジョン・コリンズです。彼は大学の町オックスフォードのオリオル・カレッジの学長でした。オックスフォードには戦後の和解を求める強い欲求があり、学生たちはドイツの大学と

提携をします。オックスフォードとボンの両大学による委員会ができ、定期的な学問的交流が始まりました。コリンズは 1946 年にクリスチャン・アクションを創設した社会改革者でした。これは国家の社会的そして政治の中へ、宗教的な信念や原理を持ち込もうとする団体です。国際的な和解は彼の優先順位のリストでも高い位置にありました。

1947 年 9 月、2 週間コリンズはドイツにおけるイギリス占領地域を訪問し、ベルリンまで至りました。そこで彼はチェリビダッケに会い、刺激を受け、両国の和解の表現としてフルトヴェングラーとチェリビダッケが指揮するベルリン・フィルをイギリスへ演奏旅行をするよう招待しました。全ての音楽家は無賃、無給で演奏することを承諾、この演奏旅行のもたらす利益は占領下のヨーロッパでの困難や再建に役立たせるものとしました。障害や遅滞は多々ありましたが、この演奏旅行はついに 1948 年 11 月初旬に行われることになります。オーケストラは 10 月 28 日には楽譜も衣装も持たずに到着しました。彼らは占領軍との煩雑な交渉をたくさん行なった末、ようやくベルリンを出ることが許されたのです。

この演奏旅行での最初の演奏会は、ロンドンのセント・ポール大聖堂で 11 月 3 日に開かれる予定でしたが、直前になっていろいろ困難が生じ、代わりに大きくて薄暗いエンプレス・ホールで行われることになりました。8000 人の聴衆が、フルトヴェングラーの指揮するバッハのニ短調の管弦楽組曲とベートーヴェンの第 4 ピアノ協奏曲、そしてブラームスの第 4 交響曲を聴きにやって来ました。コリンズはマイラ・ヘスにベートーヴェンの協奏曲のソリストを務めるよう頼んでいました。この尊敬すべきイギリスのピアニストは、戦争中ナショナル・ギャラリーで有名な演奏会シリーズを行い、破壊されたロンドンにいくらかの慰めをもたらしていたのです。彼女はイギリスの聴衆から非常に愛されていました。そして、彼女はこの演奏会の目的を理解するや出演を承諾したのです。

その晩の影響は圧倒的なものでした。ある批評家は「マイラ・ヘス夫人は十字軍の火のようなタッチで演奏した」と書きました。

もう一人の批評家はこうです。「あの大聴衆の中のどんな人も、記念碑的な演奏の後でマイラ・ヘス夫人とヴィルヘルム・フルトヴェングラーが立って手を取り合って喝采を受けている時、この和解の象徴によって心動かされ

ることなくいることはできなかっただろう。これは特筆すべき機会であるだけでなく、平和の福音を述べ伝える全ての人の代表としての仕草でもあった。」

　オーケストラはどこへ行っても、同じく暖かい歓迎を受けました。大戦間の彼らの演奏旅行が、多くの音楽愛好者の記憶の中にまだ新鮮に残っていたのです。幸いにも、フルトヴェングラーがブラームスの第4交響曲の最後の部分をリハーサルするニュース映画のフィルムが残っています。このような質の演奏がなされたのであるなら、この時の演奏会が歓迎されたのは驚くにはあたりません。

## イギリスにおけるフルトヴェングラーの批判的受容

　フルトヴェングラーは第二次大戦後、イギリスを定期的に訪問しました。彼の最も重要な録音の多くがロンドンでなされており、彼は新しく設立されたフィルハーモニア管弦楽団と密接な関係を結びました。このオーケストラを彼は1950年5月22日に初めて指揮しますが、その時キルステン・フラグスタートをソリストにリヒャルト・シュトラウスの「4つの最後の歌」の初演を行います。その2年後に彼はこのオーケストラと《トリスタンとイゾルデ》の有名な録音を行い、そして1954年3月12日のオール・ベートーヴェン・プログラムが、彼のロンドンでの最後の指揮となりました。フルトヴェングラーについてイギリスの批評家たちの意見は一致していたわけではありません。アーネスト・ニューマンは彼を拒絶しました。「主観的」もしくは「個人的」な解釈とみなされるものを信用しなかったからです。それも驚くにあたらないのは、ニューマンはトスカニーニの信奉者でした。「マンチェスター・ガーディアン」紙の批評家だったネヴィル・カーダスは、創造的な過程の核心を貫く能力にゆえにフルトヴェングラーを賞賛します。カーダスはフルトヴェングラーの解釈をこう考えていました。「ベートーヴェン、ブルックナーなどの傑作において、彼は作曲家である自身の目的にとっての水路を見出そうとしていた。そして、充実した音楽の天才と協働して彼自身の観念を解放しようとしたのである。」

　他のところで、彼はフルトヴェングラーの《トリスタンとイゾルデ》の解

釈について鋭い批評をしています。「フルトヴェングラーの《トリスタンとイゾルデ》の指揮は頭脳だけでなく神経の中枢を貫く。前奏曲の冒頭、彼が危険を犯して行った休止は、初めて聴く私には、オーケストラ・ピットで何か不都合が起こったのではないかと考えさせたほどだった。しかし、それから静寂の中で、音楽の心臓が脈打ち始めるのを私たちは聴くことができた。そしてこの楽劇は最初で予見されていた最後へと至る。「急ぎもせず休むのでもなく」である。(・・・) 彼は現代のヴェルテルである。もしくは、メフィストフェレスの慇懃無礼さを持たないファウストである。」

指導的なイギリスの演奏家たちはフルトヴェングラーを独墺の伝統の規範として尊敬しました。フルトヴェングラーとヴァイオリニストのユーディ・メニューインとの共演は、ベートーヴェンとブラームスのヴァイオリン協奏曲の名録音を生み出します。メニューインはフルトヴェングラーを「今日の計算づくの思い煩いとは相容れない、人生と音楽についての考え方をする歴史から生まれた声であり、時間がまだ静かでゆっくりだったロマン派の時代からの最後の声」であると書き表しました。

ヴァーグナー演奏で名声を博した指揮者レジナルド・グッダールは、フルトヴェングラーの熱心な信奉者です。1927年にフルトヴェングラーがベルリン・フィルとイギリスで行った最初の演奏会を聴いた彼に、それは啓示となりました。グッダールはフルトヴェングラーの《トリスタン》を1952年の録音セッションに参加することで体験し、彼を音楽的真理の源だと確信したのです。

フルトヴェングラーが亡くなった時、グッダールは「音楽は彼から創造されて流れ出したのであり、再創造されたのではない」と述べています。

精神的にフルトヴェングラーに最も近いイギリスの音楽家は、彼の友人であり同僚のサー・トーマス・ビーチャムでした。ビーチャムはしばしばイギリスのフルトヴェングラーと言われます。なぜなら、この2人の指揮者はオーケストラを催眠術にかけ、魔法から生まれたかのような演奏をする能力を持っていたからです。フルトヴェングラーの死後、ビーチャムは彼が指揮する予定だった1955年1月のロイヤル・フィルハーモニック・オーケストラとの2回の演奏会を代わりに指揮します。最初の演奏会を始める前、彼は短いスピーチをしました。

「今夜はヴィルヘルム・フルトヴェングラーの音楽についてお話しするつもりはありません。それを皆さんはご存知だからです。彼はすばらしい音楽家であり、最高に正直な人でした。ドイツの困難な時代に、彼は弱きを護り援助の手を差し伸べました。私の感謝をこの注目すべき立派な性格を持つ人に捧げたい。今日、そのような人を見ることはほとんどないからです。」

ギュンター・ビルクナー

# フルトヴェングラーの作曲家としての自己理解

　ヴィルヘルム・フルトヴェングラーが、彼の生涯にわたる友人であるハンス・プフィッツナーのもとで既に楽長として修行したシュトラースブルクから、彼がリューベック楽友協会の指揮者に選ばれたという知らせを受け取った時、彼は母の友人でそこにいた作家のイダ・ボイ＝エト夫人に1911年4月14日に次のように書いています。当時、彼はちょうど25歳でした。「このことは多くの点で嬉しいです。リューベックで行うことになる活動は、作曲を除いて僕の本性に最も向いています。僕の作品については、僕の性質からして、おそらくまだ長い間置き去りになるかもしれません。だから、僕にはこのことは2倍有難いのです。そこでは部分的にとはいえ自分を表現できるのですから。」「作曲を除いて」、つまり彼は自分の全生涯を左右するかもしれないくらいのことを言っています。最も大事なものも除外した彼に問題だったのは、彼が慣れ親しんだ音楽の道によって自らを発言することでした。作曲と指揮は2つの可能性でしたが、これらの間の生涯にわたる矛盾は、ここで既に彼には意識されていたのです。彼のその後の人生を苦しめる悲劇にはまだなっていなかったとしてもです。

　35年後の1946年8月16日、彼は友人で若い時の家庭教師であった考古学者ルートヴィヒ・クルティウスにこう書いています。「あなたの言われる僕の指揮者の「経歴」なんて、真面目に論ずるほどの価値はありません。しかし、しばしば僕の演奏が、他ではほとんど聴けないような、人間的で暖かい心の通った自然で本物の演奏であるというのであれば、それには価値があるのかもしれません。実際、指揮は僕の生活における避難所だったのです。なぜなら僕は作曲家としては破滅しているも同然だったからです。」

　フルトヴェングラーが少年の時から作曲していたことは、間もなく広く知られるようになります。子供が創造を楽しみながら愛する親戚に贈呈した歌曲やピアノ曲が残っています。8歳で「真実の友ヴィルヘルム」は彼の祖母にこう書きます。「また新しいピアノ曲ができましたので、お送りしますね。」

その2年後おばのミンナにも「僕の最新の作品、ニ長調のロンドをここにお送りします。[・・・]僕が一番気に入っている作品ですし、おふたりに捧げるつもりでしたので、これもお送りしましょう。」 1897年には2人に宛ててこう書いています。「一つだけお願いがあります。ソナタやロンドを写譜してお送りしていたノートを返してほしいのです。最近、新しいソナタを作曲し、それがとても気に入っているからです。[・・・]食事をしなくてはなりません。手紙を突然終えることをお許し下さい。」 また同じ年には「作曲のほうも順調に進んでいます」と書いています。

　1898年、12歳の彼は音楽教師アントン・ベーア＝ヴァルブルンのもとでバッハのフーガを実習します。「それで2週間くらい前ですが、フーガを1つ書きました。[ピアノ連弾のフーガで]とてもかわいらしい響きがします。[・・・]また最近、連弾用の幻想曲も作りました。[・・・]新しいヴァイオリン・ソナタ——まだ覚えているとよいのですが、マンハイムで最初の部分を作曲していた作品です——がお誕生日までに仕上がり写譜をしたら、そちらにお届けします。これは今まで僕が作った曲の中で一番良い曲かもしれません。」

　1901年には「新しい幻想曲はとてもこっけいなものになってしまいました。おばさんもそう思うのではないかしら。これから新しく作曲しても、こうならないとよいのですが。」

　このように引用を続けてきました。しかし既に今やはっきりしていることが一つあります。彼の生活の中心は作曲することだったのです。彼の天分と使命を認識した両親が必要な援助をしたので、彼は作曲に打ち込むことができました。

　実際に音楽界に足を踏み入れることは絶対に必要でした。縁故によって、彼は1906/07年のシーズンにブレスラウ市立劇場のコレペティトールの職を得ます。古典的な倫理の中で訓練され、音楽の本質について知っている彼がそこにやってくると、否応なく彼の「同僚たち」の浅薄なお喋りや低俗な猥談と真っ向から対面することになります。そこからは逃げ出すしかありませんでした。まず、チューリヒ市立劇場での気の毒なポスト「合唱指揮者」を得ます。それからミュンヘンでフェリックス・モットルのもとコレペティトールをし、シュトラースブルクでハンス・プフィッツナーのもと第3楽長を

勤めた1907-09年の時期は、彼には有益であり、それまでは直接に知らなかった作品と出会い体験することができました。

それでもこの時期、彼は混声合唱、ソリスト、オーケストラのための「テ・デウム」を作曲し、これは不十分な稽古と未熟な演奏者によって1910年にブレスラウで初演されます。この作品は今では彼の最も知られた作品ですが、当時は冷ややかに受け止められ、感じやすいフルトヴェングラーは失敗であると考えたほどでしたが、この作品の価値を彼は信じていました。この経験からすると、既に引用されている、数ヶ月後に書かれたボイ＝エト夫人宛ての手紙が理解されます。「僕の作品については、僕の性質からして、おそらくまだ長い間置き去りになるかもしれません。」

リューベックでの1911-15年の演奏会指揮者としての、そしてマンハイムでの1915-20年のオペラ指揮者としての活動の一方で、作曲の仕事は滞っているように見えます。彼が演奏しようとする曲を徹底的に準備したことを知れば、それも無理もないと思えるでしょう。特徴的なエピソードを紹介してもよろしいでしょうか。1930年代のある晩、彼はベルリン・フィルを指揮する準備をしていました。タクシーは下で待っていましたが、彼は立ったまま総譜を手に持って読んでいました。すると卓越した家政婦であるレンヒェンは、彼を家から押し出して言うのでした。「もし今まで勉強してわからないのなら、もうこれ以上しても無駄ですよ。」

作曲の仕事は退行したように見えます。とにかくはっきりしたことはわかりません。おそらく作曲原稿は彼の住んでいたポツダムのファザネリーにあったのが、戦後、戦利品としてロシアの文書館に移されたのでしょう。なぜなら、ファザネリーは戦時には破壊されずに占領されたのですが、そこにあったはずの文書はもはや見つかっていないからです。

彼がリューベックとマンハイムで過ごした時期、すなわち1920年までは作曲の研究に打ち込んでいたことは、1920年9月14日にクルティウスに宛てた手紙からわかります。「今年の夏は相当に仕事をしたと自分では思います。できるかぎり頑張りました。我ながら言うのもなんですが、日毎に明晰さ、洞察力、そして能力もが増したように感じられます。僕がもくろんでいる仕事は過酷です。他の人が考えもしないほど過酷なのです。しかし僕にとってそれは避けられないものであり、いずれにしても僕しか可能ではないこ

とのように思えます。成長しようと望む者には、時間が、それも非常に多くの時間が必要であると、いつもあらためて感じます。[・・・]いずれ年が経てば指揮において生じたのと同じようなことが、この領域でも生じるに違いありません。不自然な必死の営みが次第に収まり、最後の目的が、つまり静謐で有機的なものが、さらに明瞭にたやすく現れてくるように思えます。これは実際に現代の音楽を書こうとするような人にはほとんど不可能であると思われているものなのです。」

　2年後、再びクルティウスに宛てて。「依然として自分の才能は不足していないと確信しています。ただ問題なのは時間が足りないことです。静かで集中ができる時間です。課題は以前よりもさらに厳しくなるでしょう。現代の要求のただ中で、有機的な作品の命を守っていくという課題です。しかし、それをしないなら、音楽は僕にどんな意味があるというのでしょう。僕が「有機的な形式」と呼んでいるもの、今日ではそれについていささかの理解をしている音楽家も学者もいません──そしてあと10年経っても、そもそもそういうことに関心を示す人がいるでしょうか。既に今では、そういう概念も事例もなくなってしまっています。この情熱と憧憬、つまり文字通り僕の内部にある「活力」を消耗させるこの情熱と憧憬が──それがうまくいってほしいものですが──いつか報われるのかどうかはわかりません。」

　1980年にフルトヴェングラーの『手記1924-1954』が刊行されたとき、何人かの鋭敏な批評家は、彼の次の文章に憤りを覚えました。「ソナタはドイツ人の形式である。」　膨大な知識を処理している知識人たちにとって、sounataもしくはsonataは、既に何百年も前にcantataの対になるものだったのです。

　フルトヴェングラーはもう無名ではありませんでした。しかし、彼は「ソナタはドイツ人の形式である」と書きます。彼は何を言わんとしたのか？同じ関連においては、こういう箇所もあります。「人はソナタ作曲家になるのではない。そうであるか、そうでないかというだけのことだ。[・・・]ベートーヴェンとシューベルト以後ソナタ作曲家は2人しかいない。すなわちブルックナーとブラームスである。[私たちはこの後にフルトヴェングラーを付け加えることができるでしょう。]　肝要なものは図式ではなく、対立からもたらされる生産性である。」　対照的な第1主題と第2主題、そして

有機的に生育する展開部を持つ主題の二元論。それが器楽として「鳴り響く曲」であるソナタをドイツ人の形式としてのソナタにしたということなのです。

1946年の彼の手帳にはこの問題に対する考察が見られます。「交響楽的な意味（特にベートーヴェンの音楽に示されたような）において真の交響曲もしくはソナタを作るのは、特に生成するエネルギーであり、前進のやむにやまれぬ力である。交響曲では、シューベルトやブルックナーの作品に見られるが、「花々の中を」散歩するような場合でも、常に目的を目指しており、悲劇における目的の追求がある。［・・・］この目的を求めるということ、明らかに誤解しようのない全体の連関は、本物の自然に基礎を置く法則によってのみ創造されることができる。音楽にとってこの法則とは調性をおいてほかにはない。［・・・］いずれにしても交響曲や交響楽的な作品の構想は、調性なしには考えることができない。［・・・］調性というものが持ついっそう深い法則を考えないならば、広大な平地を通ってはるか彼方へと進んでいく大きな交響曲に特有の緊張に対して、その反対のものであり前提である完全な弛緩を得ることはできない。［・・・］調性なしには真の交響曲は考えられない。現代の無調的あるいは多調的な手法によって［・・・］交響曲を書こうとする試みは、どれもそれが不適格な手段による企てであるため、最初から失敗する運命にある。レーガーやヒンデミットのような本当の巨匠はそのようなことをしていない。［・・・］全く疑いないのは、この悲劇的で宿命的な交響曲の言語が、いっそう深い意味で西欧の思考に即応しているということだ。」

無調性そしてそれへのフルトヴェングラーの態度は、幼少からの友人であるヴァルター・リーツラーと1929年にした文通によって、既に明らかになっています。リーツラーは無調性のこの問題を一つの論文の中で論じていました。彼はフルトヴェングラーを「古典主義者」とあえて呼んだのですが、そのことに相手は納得しませんでした。リーツラーは手紙で次のように書きます。「僕が君を「古典主義者」と呼んだことがいかに正しいかを、君は「無調性の不自然」についてあっさりと語ることによって、僕に再び示しているのだ。「古典主義的な」ゲーテにとっても、古代とルネサンス以外は全て「不自然」だった。」

1943年の手帳にフルトヴェングラーはこう書きます。「古典的なものは健康であり、ロマン主義的なものは病気であるとゲーテは言う。私の意見は、［そしてここで彼は期せずしてリーツラーと同じ考えを述べています。］事物を明晰に表現する者が古典主義者で、多すぎる言葉で不明瞭に表現する者がロマン主義者である。私は古典主義者を愛している。」　亡くなる年の1954年、彼は第3交響曲に関したことを手帳に書いています。人々は彼を既に当時から今に至るまで「後期ロマン派」に分類してきました。「私はロマン派でも古典派でもない。ただ私が表現するものは、私の考えなのである。」
　「ただ私が表現するものは、私の考えなのである。」　彼は何を「考え」何を「表現する」のでしょう？　フルトヴェングラーは帝国の没落を目の当たりにしました。彼が決して支持しなかったナチス政権という千年帝国の没落の生き証人でした。しかしまた彼は、常に過去のものから有機的に生育し、リヒャルト・シュトラウスと彼によって締めくくられることになる、まだ商業化されていなかった西欧の音楽文化の生き証人だったのです。「悲劇」や「悲劇的」という言葉が、彼の発言において何度も現れます。ベルリン・フィルだけでなく、私たちも経験しているのは、目を閉じて指揮をする一人の偉大な演奏家が、音楽や音楽家、そして自分自身に経済的な利益をもたらしたということです。これは間違いなく「現代的」なことでしたし、今もそうです。そして、フルトヴェングラーは非現代的でした。彼の関心は音楽にありました。音楽とそれの表現だけだった。作曲家としてのこの態度をとるのが難しくなっているということは、彼には既に明らかになっていましたが、自分の信念をまげることはありませんでした。
　この道においては、彼の友人たちはただ見守るだけでした。リーツラーは1939年6月9日の手紙では、あえてこう書いています。「君の音楽がこの時代にいかなる影響を及ぼすのかを考えれば考えるほど、理解されることを拒むような否定できない難しさが、何より人の中に印象付けられてしまうということを思う。今まで君が聴かせてくれた2つの作品は、長く複雑な内面の成長から生まれたものだ。その個々の段階について君は世界に説明してきていなかった。もしベートーヴェンが、ハ短調交響曲の前に書いたもの全てを発表せずに、まずこの交響曲や作品59のカルテット、そして偉大なピアノ・ソナタによって公けに登場したとしたら、彼を長い間、誰も認めなかっただ

ろう。試しに演奏されたとしても、それ以降は演奏されなくなっているだろう。ヴァーグナーにしても《トリスタン》は同じようなことになるだろう。もし君が、「テ・デウム」の後に、同じくらい単純な一連の作品を、おそらくもう少し控えめな要求をもって書いていたら、後世の理解が生い育つような基盤が整備されたのではないか。僕は思うのだが、作曲家としての君に対する世界の態度は、他に「もっと手軽」な作品をさらりと作って、世間に君の至高の世界への入口を見つけさせて初めて、はっきりしてくるのじゃないだろうか。」

　これにフルトヴェングラーはこう答えます（1939年6月16日）。「僕の作曲に対する世界の態度、そしてこれがもっと普及するにあたって直面している困難について、あなたが書いてくれたことは正当なものだと思います。僕はこの点についてはもうよく理解しました。将来書く作品がどのくらい易しく、そして「もっと手軽」になるかはわかりません。なぜなら、そもそも出来上がっていないからです。どの作品もそれぞれに、作曲者が従わねばならない特有の様式を生み出します。確かにたとえばブルックナーにおいては事情が似ているかもしれません。彼は結局、自分の作品による直接の成功に浴することはありませんでした。しかし、やはりそれは事情が違うのです。ブルックナーは一般的な発展とは別の視点に立っていて、時代の力の影響を受けませんでした。僕の場合、事情はもっと悪いのです。新しい作品も、表面だけを見られて「堕落している」とか「時代遅れ」とされてしまう。僕の事情を正当に評価するためには、音楽行為の新しい考えについて知らねばなりません。つまりその考えとは、作品が新しくないなら昔のもの、過ぎ去ったものであるとしてしまうのです。もっと大きな連関と感覚を結びつける能力や、作品の「生成」と「生起」を表現に取り入れる能力は、つまり、依然として大小の部分から人工的にこしらえられた音楽しか生まれない時代にはそもそも失われている能力は評価されません。とにかく望むのは、新しいソナタがもっと簡潔で「もっと手軽」であると受け取られることです。」

　この新しいソナタというのは、今晩私たちが聴くことになる［訳注：本発表が行われた1997年11月11日の晩、このソナタ第2番の実演がイエナ大学の講堂で行われた。］ニ長調のヴァイオリン・ソナタのことです。再びリーツラーにフルトヴェングラーは書きます。「このソナタを既にクーレンカンプフと稽古し

ています。作品は細部まで完成しており、あなたに聴いてもらえるのが楽しみです。」このソナタがフルトヴェングラーが考えていたように実際「もっと手軽」かどうかは、今晩の演奏者たちが教えてくれることでしょう。クルティウスに彼は次のように書いています（1941年12月15日）。「あなたにお送りしたソナタ〔訳注：これまで言及されてきた第2番〕は、第1ソナタに較べるとやさしそうに見えますが、実はもっと難しいとだけ申し上げます。第1楽章の最後と終楽章は、異常に速い個所で、野性的と言ってもよいでしょう。その持味をたとえ半分でも表そうとしたら、演奏家は作品を完全に熟知し克服していないといけません。まずは腕の立つ名人芸を備えたピアニストが求められます。とにかくこの作品は、これまでの僕の作品と同じく、並みの演奏家では手に負えないのですが、そのようには見えないのが特に不幸なのです。すぐに正当な評価を受けるなどということは、とうの昔に諦めました。」

　作曲はフルトヴェングラーには簡単なことではありませんでした。それは彼の「才能」や能力が不足していたからではなく、彼が自身に完璧であると思えることを要求していたからでした。例えば、彼が書いた草稿で元気よくecco──「やっと見つけた」〔訳注：イタリア語〕──と書きこまれていることがありますが、そのeccoの部分は次の日にはもう満足できないためにさらに手を加えていたのです。

　そのような完全を求めての努力を、私たちは指揮者としての彼の演奏からも知っています。トスカニーニ風の楽譜に忠実な演奏は、今日いろいろな点で現代的に見えるとしても、彼のなすべきことではありませんでした。なぜなら、彼が求めていたのは音符の背後にあるものだったからです。彼によるロベルト・シューマンの第4交響曲の比類ない演奏が、ここではその例証となるでしょう。

　作曲におけるフルトヴェングラーの徹底的な仕事は、何年にも及ぶのが常でした。「ピアノと管弦楽のための交響的協奏曲」について、彼は1931年9月、リーツラーにこう書きます。「とにかく最近はこの協奏曲にはもう取り組んでいません。細部に至るまで完成しているからです。」この作品はその6年後に初演されることになります。フルトヴェングラーは自作を友人によくピアノで弾いて聴かせました。それは何よりも彼が作品を確かめ、自信

を深めたいからでした。

　ピアノ協奏曲を彼はリーツラーに弾いて聴かせ、数日後リーツラーは彼にこう書きました。「この作品の多くの部分がまだよくわからない、と僕は君に言った。――君の演奏は不思議にもそれを難しくしてしているのだ！――しかし、思い起こしてみると、主要な輪郭はいっそうはっきりしし、僕は今ではその意図のみならず達成されたことの偉大さにも確信を持っている。僕の印象は、ここでは理念が音楽的――有機的なだけでなく、悲劇的にも実現しているということだ。このままだとこの作品は現代では認められないだろう。」　1931年、すなわち初演の6年前、フルトヴェングラーはそれをピアノで彼に聴かせていたのです。リーツラーが――その文体や言葉の選び方からもわかるように――フルトヴェングラーが試奏の時にした所見に賛同していると、私たちは考えてもよいでしょう。

　満足してフルトヴェングラーは1939年1月リーツラーにこう書いています。「昨日、演奏旅行が終わりました。9回これを演奏しましたが、その場に居合わせた人々の共感を呼び成功を収めました。」

　しかし、それにもかかわらず、1940年に彼は再びリーツラーに書いています。「様々な聴衆の状態、嫉みや無気力を見ると、全てをそのままにしておくのが最良のことなのでしょう。たとえ僕自身が確信を持てないにしてもです。いつかまた――おそらく僕の死後になるでしょうが――正当に評価されることでしょう。しかし、さらに言えるのは、クライストのような運命は――彼は被った不評のゆえに自殺をしたのでした――この啓蒙されてはいるものの、嘆かわしくも鈍感で愛のないこの世界で繰り返されてはならないということです！　この協奏曲とソナタの出版を、出版社が断ってきたばかりです！（ブライトコップフは前には承諾していたのにです！）　全てに感謝するなんて、吐き気を催すことです。僕がこの世と自分の間に作った絆は、すぐに今より大きくなるということはないでしょう。」

　ある手紙の中で疑いなくフルトヴェングラーの作品を暗に指して「巨人主義」と言っているクルティウスへ、彼は1942年1月に次のように答えています。「あなたの言っておられるような、前世紀には個人主義が発展し、ゆっくりと解放されたという、一般的な歴史上の演繹命題は、僕も知っており、あなたの見解に賛同します。しかし、19世紀の「巨人主義」というものを僕

は知りません。それは、ホメロスのアキレウスの怒りによって始まりました。ギリシア人は、根底に横たわる悲劇的な生命感情の主たる担い手だったからこそ、この感情は今でも[・・・]生き続けています。それは、自由に漂っている解放された個人とは何の関係もなく、逆に永遠の秩序に結ばれた人間を前提とします。「巨人主義」とは戦うことなのです。抵抗するための戦いにせよ、守るための戦いにせよ、とにかくそこに戦うための何かがなくてはならない。[・・・]僕はお喋りでしょうか。もしかしたら軽薄で時代遅れな男だと思っておられるかもしれない。しかし僕も一度は正直に自分の思いを述べたいのです。あなたもそうした時がありましたね。僕のピアノ協奏曲を聴いた後、「なぜ全部がこんなに悲しみで一杯なのか」とたずねたではありませんか。そうです、このおたずねは「そもそもギリシャ悲劇が悲しく終わることがどうしても必要なのだろうか」と問うようなものなのではないですか。[・・・]決してあなたを非難しているのではありません。[・・・]しかし、僕はとても悲しかったのであり、ましてあなたが時代にそぐわぬ「巨人主義」などという言葉で平然と片づけようとしている僕の孤独をさらに身にしみて感じたのです。また、自分はこのようでしかありえないということと、そうならざるをえない理由も知ったのです。」

　いかに深くフルトヴェングラーがクルティウスの問いを気にしていたか、それを1946年7月、つまり4年半後に書かれた手紙が明かしています。「僕が自作のピアノ協奏曲を演奏した時、聴く耳を持つ人々には、巨大で震撼させられるような悲劇を眺めるような感じを与えられたと思いました。あの曲には、あなたも賛同を表明してくれて、「陳腐さ」は全く感じられないと言ってくれました。ただ「なぜこんなに悲しみで一杯なのか」理解できない、という感想もいただきましたが。」　有名なヴァイオリニストのカール・フレッシュの話を少し思い出します。彼は私にある時こういう話をしてくれました。一人のアメリカ女性が、彼に10分間も彼のヴァイオリン演奏について媚びへつらうことを言った後、こう付け加えたそうです。「一番すごいと思ったのは、あなたが一晩中立ち通しだったということです。」

　フルトヴェングラーが表向き一般に芸術について、特に音楽について述べる場合、彼は結局、自身の作曲について語っています。1946年8月クルティウスに宛てた手紙です。「どんな至高の行為、どんな芸術作品にも必要なの

は、反応と体験の集積と選定です。特別な問題を取り上げて純粋に表現するだけではなく、何よりも独自の人間性が持つ自然の欲求をそれと結びつけ、「人間的」に作ることが重要です。しかし、「人間的」に作ることは、現代芸術と現代精神の表現においては顧慮されていません。それが求められることすらもはやありません。私は個人的には、いかにそれの実現が難しくてもこの要求を今も厳しく掲げている、非常に少数の者の一人です。このことは欠落になるかもしれず、多くの人からは［・・・］滑稽と見なされるかもしれないが、それは私にはどうでもよいのです。」

再び2ヶ月後にクルティウスに宛てた手紙です。「言いたいことを言わせていただけるのであれば、形成する意志、形成しようとする欲求がどの程度であるかということこそ、唯一の重要なものなのです。［・・・］形成することへ私のこだわりこそ、私を同時代人から区別させ、私の仕事と活動を困難なものにし——簡潔に言えば——私の芸術修練の決定的な性格となっているのです。」

リーツラーが第2交響曲について述べたことに対し、彼は1953年5月にこう書いています。「僕が19世紀の交響曲を「さらに発展させ」ようとしている、とあなたは書いています。でも、今日そういうことはできません。［・・・］昔のどこかの交響曲をさらに発展させるなんてことは、僕には考えられないのです。僕の交響曲の基礎は和声的だけでなく形式的にも、ブラームスやベートーヴェンとは全く違うものだと思っています。［・・・］僕が言いたいのは［・・・］自然に書くということです。つまり音楽というものは一切の思弁的なものから自由なのであり、そこでは意志と感受性が自然な連関のうちにバランスをとり、混沌としてほとばしる力と形成する力が拮抗しているのです。」

フルトヴェングラーがここやそれ以前の章句で述べていることは、この交響曲だけでなく、彼の全ての作品、また最後の作品であり彼が演奏することはできなかった交響曲第3番にも妥当しています。死の少し前、彼はこの交響曲について手帳に次のように記しています。「私がこの作品によって提示しようとしたのは、神秘的で数学的な構成でもないし、反語的で懐疑的な時代思想でもなく、ただ悲劇そのものなのである。私はロマン派でも古典派でもなく、・・・思うことを語っているにすぎない。」

楽譜を筆写していたハインリヒ・ヴォルハイムによる総譜の写譜に、フルトヴェングラーは最初の３つの楽章には鉛筆で標題を書き込みました。第４楽章までの全ての標題を彼は手帳に書いています。

１） 宿命
２） 生への衝動
３） 彼岸
４） 戦いは続く

フルトヴェングラーの作曲に接すると、私たちは悲劇的な対決を迫られます。彼は西洋音楽の一つの時代の終わりに、自分が子供の時から馴染んでいた人文学的な精神を、未来へと守り担っていこうとしたのです。彼が遺してくれたものを理解するには、私たちは労苦しなければなりません。彼が辛苦したのなら、私たちも彼に近づくために努力したいと思います。精神的な教師である彼は、いわゆるコンピューターが人間性を支配しようとする時代の人ではありませんでした。確かにコンピューターを操作するのは人間です。しかし彼がしていることは、不幸にも尖った鉛筆や方眼紙という時代遅れの手段でしているようなもので旧態依然なのです。これでは音楽の現象を解明しようとしてもできません。この方向を真面目に続けるだけなら、出来合いの製品で仕事をする録音家のようなもので何も生まれません。音楽は人間の感覚と思考の総合なのです。人間的な、すなわち人文主義的な答えを、何百年にもわたって続いている「音楽とは何か(quid sit musica)」という問いに与えること。それは様式の問題ではありません。重要なのは音楽の本質であり、それはフルトヴェングラーがその生涯にわたって苦労して考え抜いていた本質なのです。

ブルーノ・ドゥディエール

# 作曲家としてのヴィルヘルム・フルトヴェングラー
## 芸術家のエトス[2]

    芸術家は人間である。彼は人間のために書く。
    書く時の彼は全き自由を持っており、
    根底に普遍を持ち、生命に満ちている。
    そして表わすのは苦痛、愛、そして調和だ。
    心を捧げ、真理を神とする。

    アルフレッド・ド・ミュッセ

**作曲家としての経歴**

　死後40年が経っても依然としてヴィルヘルム・フルトヴェングラーは、ハンス・フォン・ビューロー、アルトゥール・ニキシュやリヒャルト・シュトラウスらによる伝統を持つ比類ないドイツの指揮芸術を究極的に代表する指揮者の一人であり続けている。この評価に争う余地がなければないほど、同時にそれは逆説的なものになる。なぜならフルトヴェングラーが幼い時に音楽へ導き入れられたのは、まさしく作曲への衝動であったからである。指揮者フルトヴェングラーの輝かしい経歴は、作曲家としてのフルトヴェングラーをずっと無視させることになった。最近、彼の作品がまた研究されるようになってきたとはいえ、その評価は賛嘆から拒絶まで様々である。作曲家フルトヴェングラーに対し最も辛辣な批評家が主張したのは、優れた演奏家が同時に優れた作曲家であることはありえず、フルトヴェングラーの作品が不可解にも「ロマン派的」である以上、20世紀の作品としての芸術的価値はない、ということだった。しかし彼の作品は、型にはめて考えるのも、和解

---

[2] 原文は Dirk-Michael Wels による仏語からの独訳。

し難い態度を取るのもふさわしくない。

　フルトヴェングラーはまず作曲することによって音楽への道を見出した。「この子供は文字を書けるようになる前に音符を書いていました。少年時代から、彼は作曲家になること目指してあらゆる修練をしていました。」とエリーザベト・フルトヴェングラー夫人は書いている。

　フルトヴェングラーは知的な環境の中で育ち、それゆえに彼の音楽の才能は既に子供の時に開花した。最初の作品を彼は1893年、わずか7歳にして書いている。1893-1900年にフルトヴェングラーが書いたのは、ピアノのためのたくさんの作品（その多くは幻想曲とフーガ）、15曲ほどの歌曲（ゲーテ、シャミッソー、アイヒェンドルフなどの詩による）、室内楽曲（二重奏、ピアノ三重奏、四重奏）、2つの合唱曲、そしてオーケストラのための序曲である。ヨーゼフ・ラインベルガーのもとで対位法を学び、その後マックス・フォン・シリングスに教わることによって、彼の音楽の専門教育は完成する。1901-09年、すなわち15歳から23歳の間には、さらにいくつもピアノ曲と室内楽曲を書くが、彼自身がより大きな編成に徐々に惹かれているのが感じられる。そして、どれもが未完で終わった3つの交響曲とさらに長いオーケストラ序曲が書かれた。その他にもこの時期には、次のような合唱作品が生まれた。すなわち、ゲーテの『ファウスト』第1部による合唱とオーケストラのための《消えうせよ、汝らの暗き円天井よ》、また『ファウスト』第2部によるソプラノ、テノール、合唱とオーケストラのための《おお、汝、処女よ、至高なる世の治め主よ》、そして4人のソロ、合唱とオーケストラのための「テ・デウム」である。

　このあたりから、フルトヴェングラーは徐々に指揮に転向していくのであるが、1920年代にもニ短調のヴァイオリンとピアノのためのソナタやハ長調のピアノ五重奏曲のような作品の作曲を続けていた。彼はその全生涯にわたって作曲のための時間を何度か見つけることになる。

　時の権力者に反抗したため、フルトヴェングラーは1930年代の半ばに指揮者としての活動を制限せざるをえなくなっていく。その結果、彼は再び作曲に打ち込むことができるようになった。26年間の作曲家としての空白を経て、49歳のフルトヴェングラーの新しい創作期（1935-1954）が始まる。彼はまずヴァイオリンとピアノのためのソナタ・ニ短調とピアノ五重奏曲ハ長調を

完成する。1937年には、ピアノと管弦楽のための交響的協奏曲ロ短調の最初の版が仕上がった。これに彼は1920年代から取り組んでいたものと思われる。（この作品は1954年にさらに改訂が行われる。）続けてヴァイオリンとピアノのためのソナタ・ニ長調（1939）、交響曲第1番ロ短調（1941）、交響曲第2番ホ短調（第1版1945、第2版1952）、そして交響曲第3番嬰ハ短調（1954）が生まれた。この後期に生まれた作品の方が、音楽的には重要であるのは疑いえない。それゆえ、この論文では主にこれらの作品を扱うこととなる。後期のフルトヴェングラーは、ブラームスと同様にオペラや表題音楽には関心を持たず、もっぱら器楽作品（ソナタとその変奏）に集中している。

**その作品**

**1．形式**

　フルトヴェングラーの音楽語法をその構成において強く規定しているのは――作曲者が名づけているように――「生成のエネルギー」である。「本当の交響曲もしくはソナタは、ここで言われている意味において、何より生成のエネルギー、前進する有無を言わさぬ力によって作られる。」多くの作品は、驚くべき自由さを備えた厳しい基本の足場を持つ、内的な有機体であることを示している。音楽は自身から生い育っていく。その音楽形式はこの作曲家にとっては、既成の硬直した枠組みでは全くない。芸術的な形成を実用本位にするということを彼は拒否する。一貫してラプソディー的なファンタジーとそれの変奏を用いること（「公然の」よくある作曲形式）はほとんど見られない。形式はむしろ音楽の表現意志の要求から生じている。フルトヴェングラーは彼の作曲においては様々な形成手段を用いているが、それら全ては同じ一つの目的に奉仕している。すなわち、その音楽語法は生きている有機体のように呼吸しなければならない。この意味でフルトヴェングラーはこう述べている。「音楽作品は有機体（であり）、その独自の本性に従って生きた有機的な過程のうちに成長する。[・・・]」　その背景にあるのは、オーストリアの批評家エドゥアルド・ハンスリックの考え方である。彼は

1854年、音楽における内容と形式について次のように書いている。「それでは何を内容と名付けたらよいのだろう？[・・・]音楽の内容は鳴り響きつつ動く形式である。[・・・]音から作られる形式は、空虚でなく充実している。虚空をたんに区切るのではなく、内部から自らを形成する精神なのである。」

その例を明瞭に示すのは、ピアノとオーケストラのための交響的協奏曲ロ短調の第3楽章である。そこではいつも様々な仕方によるいくつかの構造上の過程が、音楽的発展の内的な衝動に基づいて、唯一のものへと統合されている。

a) ソナタ主要形式——基本構造

提示部：
- 導入主題
- 主音度上の第1主題
- 属音度上の第2主題
- 複属音度上の第3主題

展開部－再現部（アタッカ）：
- 主調での第1主題の再現
- 第1展開部による転調
- 主調での第2主題の再現
- 第2展開部による転調
- 主調での第3主題の再現
- 第3展開部による転調

コーダ：
- 主調と同主長調での再現部風の展開部
- 導入主題の再現
- 第1主題の再現
- 第2主題の再現

- 第 3 主題の再現

b) 循環的な構造

　第 2 楽章の一つの主題は、第 2、3 楽章の展開部において再び取り上げられている。このベートーヴェン的な原理は、他にも第 2 楽章から第 3 楽章へ移行する際のアタッカ (atacca) の表示にも表れている。全てはこの作品の様々な部分を内的に統一することを目指している。

c) 浸透する変奏の構造

　この楽章の全体の主題的素材は常に変奏されている。

提示部では：
- 第 1 主題の 2 つの変奏
- 第 3 主題の 4 つの変奏
- 導入主題の 1 つの変奏

展開部から再現部にかけては：
- 第 1 主題の 3 つの変奏
- 第 3 主題の 2 つの変奏
- 第 1 および第 3 主題の 3 つの変奏（連結されている）
- 第 1 および第 3 主題の 3 つの変奏（アダージョからの一つの主題と連結されている）

コーダでは：
- この楽章の 4 つのテーマの変奏

　この複雑な形式構造は、非常に自然で表情豊かな音楽語法によって熟考されている。

フルトヴェングラー的な語法による建築については、ピアノ五重奏曲ハ長調の第3楽章も良い実例となる。極めてはっきりしているのは、このソナタ楽章が、ゆっくりした導入部、2つの展開部およびコーダから作り上げられていることである。しかし、提示部と再現部を構造の中に認めることは、付加的な要素である主題部と移行部に該当する、発展する変奏と先取りの部分があるため困難にさせられている。この構造上の有機的組成は、境目がはっきりしていない他の領域で明白に起こっており、それは呼吸する有機体として音楽作品を考えるフルトヴェングラーの思想をあらためて思い起こさせる。提示部と再現部は、緊張と弛緩の絶えざる交代によって達せられるゼクエンツ（同型反復）によって編成される。この有機的な増大と収縮は、音楽的なパラメーターの間にある種の関連を持たせている。
　それゆえ、次のような図式が生み出されることになる。

a) <u>弛緩するゼクエンツ</u>
 - 形成されそれ自体において完結された主題の表現
 - 安定させられた音の流れ
 - 少なめの音量
 - ゼクエンツを始めるための正確なテンポ指示

b) <u>緊張するゼクエンツ</u>
 - 労作の際の移行主題や主題の表現
 - 活発に動かされる音の流れ
 - 大きな音量
 - ゼクエンツを始めるための正確なテンポ指示

　この図式を1947年のフルトヴェングラーによる発言が説明している。「全ての時間的に進む有機的な生命は――音楽は確かに時間の芸術である――緊張と弛緩の交代に支配されている。緊張と弛緩を行ったり来たりすることにより、生命の律動が表現される。［・・・］」
　これによって、ピアノと管弦楽のための交響的協奏曲ロ短調の第1楽章全体にかかっている大きな緊張のアーチも説明される。緊張と弛緩の交代は、

調的な形成のために調が提示部でドミナントを、一方再現部でトニカを周ることで導かれる。有機的なアンチテーゼがここで広い範囲で使われているのだ！

　ヴァイオリンとピアノのためのソナタ・ニ短調〔訳注：第１番〕の第４楽章にも目を転じよう。ソナタ形式はここで典型的な設計から外れている。主題Ａは普通の構造的特徴を示さない。それは３つの要素から成るが、A1、A2、A3としておこう。通常なら主題Ａは提示部に完結した形で現れるのであるが、この楽章では提示部と展開部で分割されて現れるという、かなり異常なやり方になっている。すなわち提示部ではA1とA2が見られ、A3はようやく展開部で現れる。主題がお互いに相反する部分で分割されることは、第１楽章としてのソナタ形式が結局ひっくり返されてしまうため、必然的に再現部の概念をも問わざるをえなくしている。この混乱は、展開部で第１主題のみが加工されていることによってさらに強まる。展開部と再現部のはっきりした区別ができにくくなるということは、まさに私たちは展開部＝再現部となることについて論じているのだ。このソナタの終楽章は有機体のこの形によって、不均衡な常に前進していく性格を得る。音楽は休むことなく動き続け、出口はどこにあるかわからない。図式的にはこの終楽章は、ラプソディー的な部分と叙情的な部分が隣り合っているモザイクにたとえられるだろう。展開部から再現部への移行の間に、これまで分割されていた主題Ａの３つの動機（A1、A2、A3）はついに一つの要素へと融合されることになる。復旧された主題Ａは、旋律の頭がA1動機、リズムの土台がA2動機からできており、旋律の装飾にはA3動機の性質を持っている。このように作曲者は彼の考察を、常に発展する有機体としての音楽へと徹底して置き換えているのである。すなわち、１つの主題がソナタ楽章が進む中で完成させられていくのだ。提示部で既に主題が完成する伝統的な考え方は断念されている。そもそもフルトヴェングラーは、芸術は外から持ち込まれてできるのでなく、自ら生い育つものであると書かなかっただろうか？

## ２．主題の材料

　フルトヴェングラーの音楽がゲルマン的と言われることはまず争い得な

い。しかし、それはオーストリア的というよりはむしろドイツ的であると言える。ある種の「空虚への恐れ」によって主題を敷き詰めていること、短い動機へと旋律線を分割していること、主題に度々見られる近似性、主題の発展を重要視していること、そして結局はそれらが過剰になりがちなこと、これらのことはフルトヴェングラーの、オーストリアの作曲家たちとは違う音楽的気質を証ししている。フルトヴェングラーの厳しく密度の高い芸術は、それぞれの主題においていくらか民族的な響きもあるものの、旋律的な豊かさや、大きな音程の跳躍(四度、五度、オクターブ)、また長い休止やオーストリア人に特有の「ヴィーン風の快適さ」を示さない。彼よりも年長の同時代人であるプフィッツナーやレーガーの場合と同じく、主題はシューベルト、ブルックナー、シュミット、シュレーカーの伝統よりも、むしろベートーヴェン、シューマンそして(部分的には)ブラームスの伝統によって成り立っている。旋律は半音階的でなく全音階的になることが多い。

　フルトヴェングラーにとって特徴的なのは、少数の例外はあるにしても、過度の叙情性や、冗長なフレーズを謹んでいるということだ。それにより、「可視的な」旋律的対位法による倹約されたアインザッツが可能になる。しかしこのことは、明らかに多声的である筆致と矛盾を全く生じさせない。

　フルトヴェングラーの作品の中で中心的な手本であったベートーヴェンは、主題の形成においても疑いなく教父だった。主題の内部分裂によって、細胞の発展は進められている。フルトヴェングラーがボンの巨匠のように巧みにリズムを扱っていないにしてもである。

　移行部の動機は、時には非常に重要なため、自立した副次主題になる。この主題の豊富さ(彼の第2交響曲ホ短調の第4楽章では6つ主題と4つの移行部を持つこと)は確かにブラームスの影響によるものである。それゆえに展開部では、前の提示部ではまだ欠けていた新しい主題が現れるのであり、例としてはピアノ五重奏曲ハ長調、ピアノと管弦楽のための交響的協奏曲ロ短調、交響曲第2番ホ短調のそれぞれの第1楽章が挙げられる。全く現代的な変奏がなされている部分においても、ブラームスの影響は見過ごせない。フルトヴェングラーは発展する変奏を体系的に挿入することにより、変奏形式のあらゆる可能性を用いようとしているようだ。いくつかの変奏が挿話風にまとめられ登場する時、各々は先行するものから生じている。その際、そ

れぞれの変奏はその度毎にもともとの型から遠ざかったものになる。この連鎖反応は「変奏の変奏」と名付けられなくもない。

　ソナタの主要楽章の形式における主要主題からは、等価の副次主題や移行主題が生じている。この動機としてのバランスは、音楽が「有機的な」成立のプロセスから立ち現れ、その力を「生成のエネルギー」から引き出すことによって保証されている（例：ヴァイオリンとピアノのためのソナタ・ニ短調の第1楽章）。疑いなくこのエネルギーは、私たちが「成長する主題の先取り」と名付けた音楽的構想にとっても欠かせないものである。この構想は次々と続く段階において形成され、ある地点に達するまで自主的に続く。その地点においては、旋律形は凝集し、和声的背景は安定して明晰であるため、ひとつの十分に熟して完結した主題が認識されえるようになる（ピアノ五重奏曲ハ長調の第3楽章を参照）。この主題は私たちの前でゆっくりと組み立てられていく。この作曲家は全く無意識のうちにヴァンサン・ダンディの《イシュタル》から影響を受けている。この作品では、標題的な誘因から変奏の技法が第1主題よりも先に聴かれるのである。

　フルトヴェングラーが主題をどう扱っているかを見てみると、あらゆる動機に共通の源泉があることが際立っている。作品は1つかそれ以上の細胞から成る導入主題（たとえば、3つの上行する音と3つの下行する音）によって始まることが多い。ここから、この楽章のあらゆる主題的な音型が発展させられている。ピアノ五重奏曲ハ長調、交響的協奏曲ロ短調、交響曲第2番ホ短調には、こうした導入主題を持つ楽章が見出される。導入主題はある程度「共通分母」（アドルノ）として働いており、全ての動機間の関係を作り上げ、それらに共通の運命を持たせているのである。この方法はしばしば非常に明確に用いられているため、ソナタ形式は「主題と変奏を伴った一つの細胞」へと転換させられていると言えるかもしれない。ヴァイオリンとピアノのためのソナタ・ニ長調の第1楽章では、導入細胞（ピアノに現れる3つの下行する音）が、楽章のあらゆる旋律のアイデアに影響している。導入細胞はその際、音高とリズムに関していくつかのささやかな変更のみを被る。その他にこの細胞は、楽章の4つの主題全ての始まりに現れている。このマトリックスの助けによって、逆行形や逆行形の反行形にもこの細胞は使用される。これはベートーヴェンの影響に遡り、十二音技法でも使われる技法で

ある。作品における最大の統一性という意味では、ソナタ楽章の調的に建築しようとすることが、随所で主題に関連した有機体を作ることのために断念されている。

さらにフルトヴェングラーの作品では、循環手法の例も見られる。統一性はもはやひとつの楽章にとどまらず、ある楽章から次の楽章へと形成されるのである。交響曲第3番嬰ハ短調は深い悲しみと失意を湛えた動機で始まる。この動機はチャイコフスキーにおけるそれのように、宿命を象徴するかのようであり、第4楽章の最後まで容赦なく繰り返される。フルトヴェングラーはこの最後の作品の各楽章に名前を与えている。これらは標題音楽とは全く関わりのないものであり、総譜と1954年の手記に見られる。

- 第1楽章：宿命
- 第2楽章：生への圧迫
- 第3楽章：彼岸
- 第4楽章：戦いは続く

## 3．和声

フルトヴェングラーの和声は本質的に19世紀に発する伝統の内にある。それはブラームスの影響を感じさせる全音階的な基礎の上にあるが、結局ハンブルクの巨匠よりもはるかに複雑である。和声的にはっきりと解明できない数多くの要素を含んでいるからである。なるべく大きな転調をしようとしても、調が安定している時がほんのわずかしかない。カデンツの動きは全体としてはめったにない。偽終止や不完全終止は、ここではむしろ真正もしくは（ほとんど存在しないが）プラガル終止として考えるべきである。その和声はほとんどの場合、多義的で分析を困難にしている。特徴的なのは、分類上ほとんど転回形で、つまり最も弱い状態で表れる空虚和音である。和声外音は解決されないか、音の列の中に組み込まれる。この和声的な混濁において、主音度を欠いた「ドミナント旋律」としての主題が登場する。これらの主題は移ろいやすく力ない印象を与え、「ほのめかし」として引用される。和声的にはっきりしない区域が意識的に連結されている。さらに作曲家は彼の作

品を、聴き手を当惑させるような、調をはっきりと示さないことによって始めようとする。そのために彼は非和声的な平行一度（和声的基礎のない平行一度）を同じ作品の中で何度も使うので、調的な重力は完全に平衡を失う。「変化」のために、彼は旋法的な彩色も取り入れたり、曲が始まって数小節目で既に転調する邪道に入ったりする。和音を重ねること、すなわち古典的でない和音の構造と複和声によって、フルトヴェングラーは同時代人のストラヴィンスキーのように、同じような調性の浮遊状態を求めている。

フルトヴェングラーのいくつかの作品においては、さらに音による構造の密度が際立っている。その密度を私たちは逆説的に「旋律なき対位法」と名付けたい。極めて多声的な部分を見てみると、そこでは冒頭のフレーズが――たとえそれが１つしかなくても――全体として見るとはっきりした旋律的対位法でもなく、垂直に見て完全な協和音でもない独自の伴奏形による、かなり異質な網状組織によって隠されている。その和声の協和音は、はっきりした主題への関係を持たない自由なアラベスク（例えば変化音、繋留音、経過音）をまとめている。各々の声部は他を顧みることなく自らの道を進む。頻繁に生じる摩擦が、意識的に和声の骨組みを覆い隠している。出来上がるのは、マックス・レーガーのいくつかのパッセージを少し思わせるような、分厚くて見通しのきかない響きの織物なのだ。度々フルトヴェングラーは、自律的で水平的な線を積み重ねる。それらの線からは、水平的な読み方によってのみ理解できるような和音の構成音を含む垂直的な和声は生じない。個々の断片的な和声構造を理解するためには、「旋律による和声付け」も大きな意味を持っているようだ。音楽の発展はバス声部ではなくむしろ旋律声部によって規定されている。見通しの良い和声的論理を持たない和音の連続は、流れを損なってはいない。和音の連続が全く脈略を持たない箇所も見受けられる。ここで作曲家は既に無調の領域へと踏み込んでいるのだ。彼は部分によっては音色和音やクラスターをすら用いている。

これまで長い間、フルトヴェングラーは19世紀の調性的手段だけを用いていたのだという見解が支配的だった。しかし、それは軽率で根拠のない見解である。フルトヴェングラーの調的システムは古典的なものと同じであると見なされてはならない。むしろ反対であって、彼の和声法は随所での特有の魅力と浮遊する状態によって特徴づけられる。これによってフルトヴェング

ラーは、彼の同時代人のように、独自の音楽語法を発展させたのだ。彼はそれを広い意味における調性として理解していた。

4．楽器法

　フルトヴェングラーの作品は全て管弦楽作品という観点から考察されるべきだ。室内楽作品でも主として交響的なニュアンスを示しており、たとえば次のような作曲技法がそれを想起させる。トレモロ、二重もしくは三重把弦、弦楽四重奏において2つのヴァイオリンにオクターブで主題を弾かせること、もともとはオーケストラのために考えられるような「強烈な」アタックで和音を奏すること、極端な強弱の指示、巨大な響きの管弦楽曲におけるような声部の強調、オーケストラのような音色で弾かれるピアノのアインザッツ。

　フルトヴェングラーの交響楽的な音楽はオーケストラを求めるが、その編成は明らかにブラームスのそれよりも大きいものである。木管楽器は三管編成であり（イングリッシュ・ホルン、バス・クラリネット、コントラ・ファゴットを含む）、金管楽器はホルン4、トランペット3、トロンボーン3、チューバ1である。打楽器はティンパニの他にシンバル、タムタム、大太鼓、小太鼓が入る。交響曲第3番の第2楽章ではハープも使われる。もちろん以上には弦楽器が加わる。

　しかし、全体としてこの管弦楽法は、この時代の他の作曲家がしばしば用いていたファラオの軍勢のような巨大な編成に較べると、むしろ控えめに見える。フルトヴェングラーにおいて管弦楽法は、ブルックナーが用いたような、異なる楽器の対置や鋭い対照を見せることはあまりない。ブルックナーに特徴的な金管楽器の同じリズムによるコラールや、長くて謎に満ちた総休止はむしろまれである。この分厚い管弦楽法は何より多層的で組み合わされた伴奏形の様々の形成によって出来上がっている。これと比較すると、ブラームスにおける管弦楽法の方が、伴奏形がもっと秩序立っており平行的で「システマティック」である故に、より単純な印象を与える。フルトヴェングラーのオーケストラは、プフィッツナーのそれのように、むしろ中低音部がよく響く。（イングリッシュ・ホルン、ファゴット、コントラ・ファゴッ

トを使用する他に、ホルンや木管楽器によるユニゾンの声部進行がある。）この総じて暗い音色による響きによって、フルトヴェングラーは再びブラームスの伝統に立っている。彼の響きは、強い思慮深さ、沈思、誠実な信頼を思わせる。なんと完璧にそして「生命力のある」統一体へと、アイデアが既に楽器に翻訳されていることであろうか。エリーザベト・フルトヴェングラーはその著書で、彼は交響曲のためのスケッチを直ちに総譜として書き下ろしたので、後でオーケストレーションをしなくてもよかった、と述べている。フルトヴェングラーはしばしば混合音響（声部を倍化すること）を用いているが、これはヴァーグナーの《ニーベルンクの指環》を想い起こさせる。多くのパッセージにおいては、個々の主題の中で音色の変化が起こっている。新ヴィーン楽派の音色旋律よりもさらに拡大されている、この「音色の段階」によって、主題はさらに生き生きとし柔軟になる。ベートーヴェンのスタイルによる音色の交唱は、しばしば用いられる手段である。次々と交代する楽器は旋律線をこだまが響くように引き継いでいき、これにその都度の音色によって全く個別の刻印を与えるのである。

　フルトヴェングラーは管弦楽法を根底から刷新したのではない。このことは彼の作品がしばしば深い悲しみと悲劇的な抑鬱を、つまりむしろ暗い「ブラームス的な」響きに完全に沿っているものを放っていることから説明される。あまりにきれいに流暢にオーケストラを操ることは、主として遅いか中庸のテンポの彼の作品には適さなかっただろう。


## フルトヴェングラーの美学

### 1. 人間のための音楽

　成長期のフルトヴェングラーは多感で内向的だった。豊かな内面の思想世界を育んだ自省の傾向は、彼をしてある種の陰鬱な気持ちに陥らせがちだった。エリーザベト・フルトヴェングラーは彼女の著作で次のように書いている。「彼の父は、息子が自己批判し責め苛んでいたと書いている。それは彼の全人生を通じて変わらなかった。彼はいつも自己批判をしていた。」　人

間フルトヴェングラーにおけるこの悲劇的な性向は、常に音楽家フルトヴェングラーとも切り離すことはできない。その上、ブラームスが死去した時、彼はまだ11歳だった。青年期のフルトヴェングラーは、音楽的には何よりもベートーヴェンに影響を受けている。しかしまた、R. シュトラウス、マックス・レーガー、ハンス・プフィッツナー、セルゲイ・ラフマニノフ、ジャン・シベリウスなどのいわゆる「ヨーロッパの新ロマン派」の作曲家たちは、フルトヴェングラーより11～20歳年長であるにすぎないので、少なくとも部分的には彼の同時代人と考えられる。したがって、フルトヴェングラーは既に早い時期にドイツ古典派およびロマン派の音楽的・文学的伝統を我がものとし、極めて深く人文主義的な思考法を獲得していたことになる。何より博識な考古学者であった父が、息子の中にある情熱、すなわち人間の歴史への関心を呼び覚ましたのは確かだ。人文的な価値を理想的に把握していることは、フルトヴェングラーの様々な発言によって明らかだ。人の間にある幸福と友愛に励まされ、彼が深く確信していたのは、芸術と芸術家の使命が「諸民族を統一し、平和に貢献する」ことにあるということだった。

　フルトヴェングラーの内部の感覚は、既に青少年期からゲーテとベートーヴェンという模範によって影響されていた。後に自分の仕事を振り返って、彼はその生涯にわたって作曲家として指揮してきたと言う。「私はいつも自分を喜ばせ、それと自分を同一化できるものだけを指揮してきた（・・・）」ヴィルヘルム・フルトヴェングラーは全く明らかに本能的、直感的に行動している。彼の言う同一化は強いうれるものではなく、計画されたものではなく、自然とそうさせられるものだった。なぜなら、彼は本能的にその本性に従って、バッハからプフィッツナーに至るこの世界に自分が属していると感じていたからだ。彼は自分の模範となり先駆である人との明らかな異種共生の中に生きていたので、ある程度は自分が彼らの最も若い同僚になるくらいに感じていた。さらに同一化が進むと、フルトヴェングラーは自らを彼らの直接の後輩と見なした。音楽史的なカテゴリー分けを彼は信用していない。次のように彼は述べている。　バッハ、ベートーヴェン、シューベルト、ブラームス、ついにはブルックナー、ヴァーグナー、フーゴー・ヴォルフ、リヒャルト・シュトラウス、プフィッツナーらは、皆が同じ法則、一つの世界に属している。19世紀でもなく、18世紀でもなく、「歴史的な」世界でなく、

ひとつの共通の音楽概念にである。」　フルトヴェングラーもこの世界の法則だけには従うことができた。なぜなら、彼は音楽について同じ理解をしていたからである。確かに音楽史上、彼の最も親密な「共犯者たち」は「ロマン主義者」とされている。しかし、それは彼の見方からすれば、芸術的な把握において時代を超えて続く不変の理念によって規定されている世界の部分にすぎなかった。どんな意識的な決定をするにしても、彼はこの普遍を故意に我がものにしたのではなく、全くはっきりとそれと結ばれていたのだ。

彼がドイツ民族への帰属を次のように発言する時、それは国粋主義的な態度であると誤解されるかもしれない。「私は自分を正確に吟味しようとしてきた。私は他の人よりも良いわけではない。とにかく自分の本能がどうであったか、私は言わなければならない。そこには2つのものがある。1つ目は身体的にも精神的にも一つである自分の故郷と民族に対する愛であり、2つ目はここで任務を果たすという感情である——不正を緩和するために。」

この問いにおいて、フルトヴェングラーは彼と同年輩やもっと若い同時代人のほとんどに似ている。著名人としては、バルトーク、プロコフィエフ、マルティヌー、ブロッホ、ストラヴィンスキー、ファリャ、ベケット、アームストロングを、またいささか知名度が落ちる人としては、シェック、リャトシンスキー、マウエルスベルガー、ヴィルキント、バックス、アッターベルク、カミンスキーが挙げられる。彼らは全て、シューベルト、ヴェーバー、リスト、ドヴォルザークを始めとする多くの人たちの伝統に立っており、その音楽的創作は、彼らが属する国の持つ文化の特殊性に依拠している。フルトヴェングラーは、芸術は共同体の言語であり、この共同体の要素、すなわち人間にとって重要なものを表現すると考えていた。先に挙げられた作曲家たちの芸術は、民族的な源泉という要素を新たに解釈し、創造し、新しい地平へ導くことによって成立している。彼らは古くから人間の創造的精神に関わってきた芸術の刷新の過程を続けたのだ。彼らはイポリット・テーヌの説く意味で、一つの使命を帯びているように見える。テーヌは、芸術の特殊性はそれが卓越していると同時にまた民衆と密接に結びついていることに存する、と書いている。芸術は最も高みにあるものを表現し、それを全ての者に示す。いずれにせよこのことから、フルトヴェングラーがなぜ汎ゲルマン的な思想を持っていたのかという疑問が生ずる。国家社会主義者たちの破壊

的な政治にもかかわらず、彼はドイツ精神の根源的な真の価値を称揚しつつ、内面には抵抗を秘めていた。それによって彼は、完全に異質で敵対的な環境にあってシラー的な高潔へと向かう衝動を保持したのだ。他の芸術家――シェーンベルクなど――から励まされ彼はベートーヴェンを指揮し、ドイツ音楽の栄光を救うためにあえて全体主義の政権にも近寄らないわけにはいかなかった。ここで強調されるべきは、フルトヴェングラーはその故郷を愛した（それは非難されるべきではない）ように、ゲーテの理想主義、多面主義、そして世界への門戸開放の思想を信奉していたということだ。「世界文学」の理念を形成したヴァイマールのこの偉大な詩人と同じように、それぞれの民族が持つ様々なあり方を見過ごすことなく、フルトヴェングラーは普遍的で永遠の「世界音楽」の仲介者として振舞ったのだ。

## 2. 創造者の完全性

　フルトヴェングラーにとって、芸術は誠実さと一体になっていた。芸術家というものは、自らを欺いてはいけない。彼は内面の体験、生の真実に表現を与えなければならないのである。そこには、ヘーゲルが芸術に与えた二重の機能、すなわち真実と存在を明らかにするという機能、が再び認識されるべきである。芸術はヘーゲルによれば、感覚的な知覚に真理を提示するものにほかならない。真理が精神の中にある時、真実なものは全体として客観的な可視的な世界との調和の中にある。存在と真理の顕現の理念は、ロマン主義者がそこに芸術への入り口を見出したものであるが、フルトヴェングラーの考えとも一致する。この立場は、そもそも20世紀には目立つものではなかった。フルトヴェングラーの同時代人マルティン・ハイデッガーが1949年にこの芸術のロマン主義的な解釈を強調したことを、私たちは思い出したい。「芸術は真実を自ら実行するものなのである。［・・・］芸術から真実が生じるのだ。」　フルトヴェングラーは、これによってロマン主義的な模範に依拠する芸術理解の唯一の代弁者なのである。フルトヴェングラーによって誠実として表現された、真理という概念は、彼の思考法においてはひとつの有機的な指導動機を示している。この動機は既に一度言及されたが、次のように関連付けられるべきである。人生は緊張と弛緩という契機の交代であり、

それは心理的にも生理的にも同じである。芸術が人生の表現であるなら、それは必ずやこの有機的な生命を再生し、その特有の手段（音高、音長、音量、音色など）によって再現しなければならない。抽象から具体的な実現、つまり芸術作品へと翻案する過程は、即興において生じる。フルトヴェングラーは次のように述べている。「作曲を創造する者の立場を考えてみるならば、彼の出発点は無、いわば混沌であり、彼の終着点は完成した作品である。ここまでの過程、たとえ言うなら混沌の「形象化」は、作曲者の即興という行為によって実現する。実は即興とはあらゆる真の音楽行為の根本形なのである。空間へと自由に鳴り響きつつ、ただ一度の真の出来事として作品は成立する。作品とは心理的な出来事の模像であると言える。この「心理的な出来事」とは有機的で自立的な過程であり、これを意図的に作ろうとしたり、強要しようとしたり、また論理的に考え出したり算出したり、とにかくもこしらえたりということはできない。それは独自の論理を持っており、この論理は精神的な法則に根ざしつつ、どんな精緻な論理よりも自然で仮借のないものなのである。音楽作品として表現される「心理的な出来事」は、どれも有機的な生命の法則に即しており、自らの内部に「完成」しようとする傾向を持っている。［・・・］したがって「自らを完成させる即興」と私たちは音楽作品を名づけることができるだろう。それは独自の音楽形式が拡張していく中で自己を完成するが、最初から最後までそのいずれの瞬間においても即興なのである。」

フルトヴェングラーが考えているのは、芸術作品とは心理的な出来事の模像なのであり、この心理的な出来事は有機的で自立的な過程として、欲されたり強いられたりせず、また論理的に考えられたり計算されたり、こしらえたりなどされてはならないということである。だから、内容は形式に先んじていなければならない。「心理的な出来事」、すなわち芸術的な告白の真実性は、自然で強制されないやり方で、芸術的な具体化のために求められる手段を規定する。把握できない魂の命を表現するということは、その命が芸術的なメッセージへと変えられるために必要な素材を「理念の理性的な表明」（ヘーゲル）の瞬間において自立的に選び出すことによって可能になる。ハイデッガーは「・・・芸術家は作品に対してはいくらか無関心なところがある。それは作品が生れるために、創作過程において自らを無にするようなも

のだ。」と述べているが、私たちはそれに賛同したくはないにしても、芸術家は創造の過程（即興）において将来作品になる素材によって導かれているのだ、と想定するに違いない。すなわち、それは芸術家の精神状態、感情であり、フルトヴェングラーが「心理的な出来事」と名付けたものなのである。それゆえ、どんな作品もそれがまともな作品であるためには、ある程度は芸術家の欲求から成立していることになる。作品の宿命というものは、もし作品が考えられたものでないなら理性的に説明できないのであるし、もし作品がこしらえものでないのならはっきりした規定を持つこともないのである。フルトヴェングラーの発言は次のようなカントの理解とも一致しているように思われる。「その天才によって作品を生み出す作者は、どのように彼の中でそのための理念が見出されるか、自分ではわからない。また、当のものを好きなようにあるいは計画的に考え出したりすることや、他人にそのような規定によって知らせることが、彼の力によるものではないということがわからないのである。」 芸術的な創造は不定なものであり、自分自身との「ア・ポステリオリ（経験的）」な出会いなのである。

　もし作曲者が個人的な告白のために、彼が本性にとって誠実であり真実であると思える手段を利用するなら、これらの手段は多様な姿となって現れるだろう。したがって、フルトヴェングラーのイディオムと明らかに融合する場合も、それはいくつかの無調的な性格を持つ調的和声、クラスターと共にある古典的和音、などと説明されることになる。フルトヴェングラーはゲーテの箴言「人は自分がそれでないものを作ることはできない」を自身にも適用している。彼がいくらか悲劇的に感じている時は、彼は悲劇的な音楽を作る。したがって、最も陰鬱なパッセージにおいては、ほとんどいつも減七和音かそれの転回形（短音階の二度音上の和音）、暗い音色、下降する線が見られる。彼が朗らかな時は朗らかな音楽になる。その音楽は長調に留まり、音の強さは控えられ、リズムは静かに、和声進行はゆっくりと明快に、フレーズは規則的になる。もし彼が駆り立てられると音楽は、耳をつんざくような騒音、けばけばしい音色、不規則なリズム、不安定な和声、クラスターなどに彩られる。またフルトヴェングラーに近いカントの理解を挙げよう。「だから、天才というものを作り出す心の力は、想像力と悟性である。［・・・］天才というものは、どんな学問も教えることのない、どんな勤勉も学ぶこと

のない幸せな状況においてそもそも生まれるのである。天才は既成の概念の核心を見抜き、これにふさわしい表現を与える。この表現によって、引き起こされた主観的な心の状態は、その概念に同伴し、他者へと伝えられることになる。」　様々な観点から人はカントの天才の概念において、ロマン主義的美学に特有の考え方にとっての最初の手がかりを求めてきた。しかし、これだけでは、我々が主張しているフルトヴェングラーのカント哲学への接近は少ししかはっきりしない。

　カントにおいては——「悟性」の理念は別として——既にイメージはわかる。芸術の形式はその内容によって決まるということである。フルトヴェングラーの「手記」にも、この考えが何度も見られる。「和声やリズムなど素材の発展が歴史の意義なのではなく、素材を最初に用いる表現意志が問題なのだ。発展の歴史における新しさや大胆さではなく、内なる必然性、人間性、表現力の程度が、芸術作品の重要性を決定する。」　この関連でヴァーグナーの《トリスタンとイゾルデ》に関するフルトヴェングラーの言明は警鐘を与えるものだ。「ヴァーグナーは《トリスタン》を書いている時、何か「新しいもの」を生んで、和声法を拡張したり前進させたりしようとするつもりは全くなく、ただひたすら自分の詩的なヴィジョン、すなわち《トリスタン》の世界にふさわしい最も印象深い語法を見つけ出そうとしていたにすぎないということを、人々は忘れているのである。［・・・］ヴァーグナーにとっては、彼の先輩たちと全く同様に、作品として表現しようとした世界についてふさわしい表現を見出すということだけが重要だった。その結果、後の時代に確立する半音階的な作曲法を「発見」したということは、ヴァーグナーにとっては副次的な偶然のことだったのである。」

　そしてまさにこの偶然、即興の偶然によって、作曲家は創造の過程に割り込むのではなく、彼の深い所にある謎に満ちた不可侵の本性が持つ音楽法則にただ従うべきなのである。

## 3．思想家の信仰

　フルトヴェングラーはかなりの数の文筆を残している。そこで彼は熱心に説得力を持って実に多様な主題について論じている。ジャン＝ジャック・ラ

パンが書いていることは全く正しい。つまり、フルトヴェングラーの著作は自叙伝以上のものである。その著作は彼には疑いも確信も、心配も希望もあったということを知らせてくれるし、彼の人間性についてもいろいろな判断材料を提供してくれる。

フルトヴェングラーがベートーヴェン、ブラームスらについて語る時、彼は——私たちにはそう思えるのだが——いつも作曲家として話している。思想家そして文筆家としての役割においては、まさに対象から距離を置く観察者ではあるものの、他の芸術家や様々な主題についての彼の叙述の背後には——意外にも——いつも作曲家の姿が見える。フルトヴェングラーは自身を常にまず作曲家と思っていたので、全ての彼の著作はこの局面において読まれるべきなのだ。彼自身も1951年に次のように念を押している。「私の場合で言えば、指揮を始めるずっと前から私は作曲家であり、自分をこれまで指揮をする作曲家であると思ってきた。作曲をする楽長では決してなかった。」

作曲家そして文筆家として彼が度々間接的にもア・ポステリオリにも確認しているのは、意識は創造の業に関与しないということであり、既に言及された理念的な素材を実際に具体化するということへ影響を与えるのは不可能であるということである。その論拠は、成長している芸術作品はそれ自身の目的を意識することはできないということであった。その点で彼はロマン派の作曲家たちと一致している。したがって、いくつかの文章はとても注意深く読まれて、全く違う解釈をされなければならないかもしれない。たとえば1951年に彼は「私は「ロマン的」になるという危険を冒した」ともらしている。このとても急進的な発言は、アカデミックな信仰告白としては誤解されるかもしれない。そして、このような場合はフルトヴェングラーにおいては残念ながらしばしばあった。彼の作品は何度も「ロマン派期の楽長音楽」として紋切り型に片付けられている。しかし、詳細に観察すると、その作品は数多くの——例えば和声において——ロマン派の語法からは全く遠い要素を持っている。この他にもまだ多くの実例が見出される。フルトヴェングラーの著作はこの観点から新たに読まれなければならないだろう。なぜなら、しばしば過去においてその音楽は、彼の著作の性急な解釈の結果として、一括りで判断されたからだ。本来あまり驚くにはあたらないが、フルトヴェングラーの発言はそれ自体とても明快なのである。芸術家は決してアカデミッ

クになってはならないという見解を、彼は支持している。「作曲というのは、もしそれがとにかくも意味を持つべきならば、ひたすら現代の状況から成立するものなのである。一方、過去の芸術はどんなものもその時代の独自の法則を持っている。［・・・］もちろん、以前に他人が作曲した音楽と同じようなものを楽々と作曲している音楽家たちがいる。しかし、そのようなこと自体は、私に何の興味も起こさせないだろう。」　たとえ多くの人にはそれがおそらく違って思われるとしても、フルトヴェングラーの音楽理解は無能なエピゴーネンとは全く縁がないのである。

　それ以上にフルトヴェングラーの著作には、秩序正しく統一された音楽の有機体への弁護が数多くある。彼の父は息子に古代芸術の美を教え込んだ。この芸術はある程度プラトンやアリストテレスによる美の基準に即しており、それにはフルトヴェングラーも部分的には親しんでいた。すなわち、バランスの悪いもの、形式のないもの、秩序づけられていないもの、人を欺くもの、そして複雑なものには不安を抱いたのである。調的重力の法則も、彼にとっては様々な意味があった。この主題に着手してすぐ、彼は――音楽のためばかりでなく――芸術と科学の間の差異について根本的な疑問を呈している。確かに言えるのは、この疑問は彼の美学的考察の中心点であるということだ。なぜなら、それは彼の著作の全体を通じて見出されるからである。彼の叙述の対象はいつも変わらず、十二音主義の音楽とその運命だった。次のように、この主題についてのフルトヴェングラーの見解はまとめることができるだろう。

　音楽という芸術は、本質的に抽象へと向かう。それは把握できない素材を用い、時間に支えられているからである。音楽は個々の部分の総体から生じる全体として現れる。その基本のパラメーターは――テンポは別として――旋律（音高）、リズム（音長）、和声、音色、そして音量である。この芸術が理解されるためには――これはどんな芸術においても最初の課題であるが――人は自らを訓練し律しなければならない。音楽の有機体は安定と不安定の交代によって形成される。

　これら５つのパラメーターの中で、フルトヴェングラーにとって、有機体の過程を再現して音楽的理解への入口を提供するのに一番適していると思われたのは和声であった。音楽を理解できるということは、彼にとっては和

声的な緊張と弛緩の交代を知覚できるということにほかならない。この「時間の建築的構成」によって、まさに時間は知覚されるのだ。和声的弛緩の瞬間がただ単独で現れ、ずっと続く不安定な響きの枠の中へと組み込まれているにもかかわらず、それは聴き手には目印として作用し、「立てられた疑問への答え」が息を吸う後に吐くもののように現れる。フルトヴェングラーは「人間が持つ全体の感覚体系の中に個々の音を引き込み、聴く人を無条件に出来事全体の中心にしてしまうこの調性の原理は、神人同形のプトレマイオス＝キリスト教的世界像に一致する」と書いている。和声的な弛緩という、耳にとって不可欠の羅針盤は、調性音楽の領域に限定されるだけでなく、無調の音楽言語の根音がもたらす引力の点をも包括している。これらの「響きの道標」によって、音楽は必要な重力を得、理解できるようになる。緊張と弛緩によるこのヒエラルキー的な原理にしたがって、特定の瞬間はさらに重要かつ明瞭なものとして他から屹立つことになる。十二音技法やセリー音楽においては、この原理は半音階の12の音を等価とすることによって維持できなくなる。人間による音楽の知覚にとって重要な基本のパラメーターである和声は、他のいくらか重要でない4つのパラメーター（リズム、音量、音色、旋律）の代わりをする。既定の音楽論で導かれるどんな旋律線（無伴奏の単旋律）も、独自の抑圧できない和声的磁力を持っている。フルトヴェングラーは十二音技法やセリーの音楽を書く作曲家を、彼らが全ての作品で、選ばれた音階の音の順序を前もって定めることにより、この磁力を破壊しようとしたゆえに、一般に批判しているのである。どんな作品の運命も最初の小節から予定されてしまう。なぜなら、全ての音列は——たとえ特徴があるにしても——反行形や逆行形にしたところで、音を反復させないという原理によって強制された不変性を維持しているからである。しかし、この予定性はフルトヴェングラーにとって、「生成のエネルギー」と誠実さに反している。それは同様に、カントの「目的なき合目的性」や、ハイデッガーの「作品の生成」にも反している。ハイデッガーはこう書いている。「作品において真実の出来事が働くよう、達成される作品の本質を限定することを考えてみると、我々は創作するということを、それが自然と生み出されるようにさせることであると理解できる。作品の生成は、真実が生じて出来事になる方法なのだ。」

私たちはフルトヴェングラーの見解に再び戻ろう。
　十二音技法の音楽においては、減音程もしくは増音程への条件反射的な偏愛が支配的である。煩わしい声部の交代がフレーズのどんな線的な論理も壊してしまう。その交代が非常に大変な労苦だと思わせたとしても、それは知性による硬直した規則のコルセットが不可欠なのである。自然なものは強引に抑圧され、その自由を奪われている。中世以来、音楽家の課題は、音楽のこれら５つのパラメーターを作り出して一致させることにあった。今や創造的な処理は初めて歪曲し退化して作用する。その基柱はないも同然にまで弱体化し、音楽的な知覚もそうなる。フルトヴェングラーはそのような芸術のサディズムを厳しく批判している。音楽が理解できるためには、人がその音楽の形姿を記憶し声で再現することができないといけない。この要請を認めつつシェーンベルクが望んでいたのは、自分の音楽が路上の人間によって口笛で吹かれるということだった。しかし、その点で彼はセリー音楽の作曲家と同じように挫折したのだ。このことをフルトヴェングラーは予見していた。なぜなら、彼にとって音楽が伝達できるということは、関連しあったフレーズ、つまり和声的な基礎によって時間が建築的に組み立てられ、それが知覚されることにおいて可能になるものだったからだ。人間の耳にとっては、それ以外の方法で時間を取り扱っても、偶然や無理解性として受け止められる。点描的な構造は時間との繋がりを持たず、空間に偶然に浮かんでいるようなものであり、人間の可聴的な知覚領域の外にある。フルトヴェングラーは1947年に次のように書いている。「そのような音楽はいつまでも休みなく様々な動きをし全く落ち着きがない。律動的な出来事が転換する際になくてはならない静止点は少ししかなく、たとえ現れるとしても、それは全体の出来事の中で必要な客観的・現実的な弛緩というよりは、むしろ個人的な「気分」なのである。」
　「あらゆるものはまず精神よりも感覚に向けられている。決められた限界を踏み越えてはならない。」（フランシス・カルコ）　この意味でフルトヴェングラーは全ての大衆音楽家と同じく、人間がそこに自らを再発見できるような、直接に感じ取れる芸術を提唱している。これに対し、セリー音楽家が見逃しているのは、人間の知覚の限界であり、それによって人間自身をも見逃していることになるのだ。

既に明らかなのは、フルトヴェングラーが芸術を「我々の中の共同体の言語」として理解しているということである。フルトヴェングラーにとって、十二音技法による音楽は共同体的な音楽ではない。なぜなら、それは文化の遺産から育っておらず、民族の伝統を継承しないからだ。十二音技法による音楽は、むしろ一人の人間がわずかの年月で発展させた全く新しい発明であり、民衆とその歴史はそこに関与していない。民族固有の要素が、統一的で国際的なものへと譲歩している。それによって、十二音技法による音楽は――いかなる特徴があっても――世界文明というもののための単一の文化になろうとする。しかし、文明はそれによって崩壊しないであろうか？　結局、文明は文化の多様性によって生きるものだからである。

　クロード・レヴィ＝ストロースに非常に的確にそのことを察知している。「それにふさわしい絶対的な意味における世界文明というのはないし、これまでもなかった。なぜなら、文明が意味するのは、最も差異のある文化が並存するということだからだ。世界文明とは、現存する文化のそれぞれの独自性が世界規模でつながることにほかならない。」

　フルトヴェングラーによって既に述べられた十二音技法による音楽の挫折（聴衆の克服できないほど頑強な拒絶）は、真実であることが明らかになったようである。今日でも人々は、この人間の頭脳から出て来た芸術に対しては、無関心か軽蔑を示している。確かにそうなったのは、この芸術が意識的に共同体の独自性と歴史を顧みないからであり、それによって民衆をある意味で見下していたからである。

　既にこれまでの考察で明らかになったのは、フルトヴェングラーにとって音楽作品とは「自らを完成する即興である」ということだ。それによってまたさらにわかるのは、この作曲家が十二音技法による音楽を芸術ではなく科学として理解している理由である。科学はどんな即興も定義しようとして(per difinitionem)締め出してしまうからだ。問題なのは内容を形式に従属させる理論的構成であった。フルトヴェングラーが受け入れられなかったのは、前もって理論が――ある程度の演奏規則が――音列として決められているということだった。創造的な行為はこれによって、その直接性と自立性を失う。ロマン派の人々のように、フルトヴェングラーはカントの２つの概念規定に従っている。すなわち、芸術と科学の区別、そして目的が決まってい

ない霊感、つまり自然な自発性を持つ芸術の「天才」についての理解である。
　フルトヴェングラーの立場をわかりやすくするためには、再びカントの言明がとても助けになる。「天才は法則からどんなに指示されても想像力を自由に示す。」 彼はさらにこうも確信していた。「最後に第4のものとして、求められず意図のない主観的な合目的性が、想像力と悟性法則との自由な一致において、この能力のそのような均衡と気分を必要とする。その時、科学や機械的な模倣のように、法則にがんじがらめになることはなく、主観の本性が引き出されるのである。」
　演奏家としての任務に忠実に、フルトヴェングラーは同時代の音楽に対して寛容と好意を示している。そればかりか、彼は大いにセリー的な作品であるシェーンベルクの作品31「オーケストラのための変奏曲」をベルリン初演しているのだ。フルトヴェングラーは公正を愛する人間であり、他の音楽家を検閲せず、芸術家としての彼の任務に厳格に従った。彼の前任者たちの多くと同じように、フルトヴェングラーも次のような意見だった。すなわち、20世紀の作曲家というものは、伝統と現代を結びつけていかなければならないが、その際に内容が形式を規定するという前提が必要である。一方、セリー音楽はこの条件を満たさないがゆえに、芸術としては行き詰ってしまっている。その著作でフルトヴェングラーが繰り返し確言しているのは、音楽家というものはその主題と手段を意識したり目論んだりして選んでいるのではないということであり、主題と手段はまっすぐな誠実さと清廉な真実によって、意識下の存在から上面へと到達するべきであるということだった。この観点においては、次のフルトヴェングラーによる3つの言明は大きな意義を持っている。なぜなら、それらはどんな種類の音楽の成立においても、内的表現のこの絶対的な優勢を説いているからだ。つまり、見かけ倒しの人間は「どうやって作曲しようか？」と自問するのに対し、真の芸術家は「何を作曲しようか？」と自問するのである。
　「確かに疑いえないのは、それ［無調性］がある程度までは現実なのであり、実際にこの不可解な時代の表現としては妥当しているということである。この音楽がどんな役割を果たしているのか明らかにするということは、現代の最も緊急の課題である。」
　「音楽生活と音楽は分かち難く、我々は今日、皆が通過してきた過去が存在

しない、あるいは存在したことがなかったかのようにふるまうことはできない。［・・・］既に述べたように、調性と無調性は現実の領域ではいつもはっきりと分けられているわけではない。」

「何百年もの音楽の歴史の中でたくさんの傑作が生まれた。それらは今日でもまだ我々にとって、直接の生命に寄与する力を失っていない。私が認めるわけにはいかないのは、しばしば——いくつもの見えすいた理由から——行われているように、新しい音楽と古い音楽が、互いに何の関係もない排他的な2つの本質的に異なる世界として扱われているということだ・・・」

## 結び

　作曲家としてフルトヴェングラーは、最初から彼の同時代人のほとんどと同じ道を進んだ。それによって、彼はその作品を個人的な告白とする芸術家の類に属している。この告白というものこそ、彼の現代性が伝統から引き出したものであり、アイデアではなく人間的な知覚に関わるものだった。こうした芸術家としては、フルトヴェングラーの他には例えばバルトーク、ラヴェル、ショスタコーヴィチ、プーランク、そしてたいていのジャズ音楽家たちなどが挙げられる。

　フルトヴェングラーの「ロマン主義」に関してまず指摘されるべきは、この言葉には多くの解釈があるということであり、それがこの問題の扱いを大いに難しくしているということだ。ロマン主義がただ歴史の特定の一時期として理解されるならば、歴史主義とは相容れないフルトヴェングラーの芸術的理解とは葛藤が生じざるをえない。フルトヴェングラーとロマン主義者において芸術の理解が一致するとすれば、フルトヴェングラーの音楽の意義は音楽史的ではなく美学的な見地において明らかになる。その音楽は時代を包括する音楽の思考法によって刻印されており、それは今日では例えばシュニトケ、ペンデレツキ、あるいはグレツキにも通じるものがある。この美学はその根を、部分的には芸術上の「天才」についてのカントの理解や、ヘーゲルの芸術哲学の中に持っている。ヘーゲルの理解によれば、芸術は存在と真理を示す。形式をも規定するロマン派の芸術の内容はヘーゲルにとって、そ

の無限性と究極の特殊性における主観性、精神、そして感覚である。だから、フルトヴェングラーの「ロマン主義」が「表現豊かな衝動」としてさらに良好に説明され、音楽史的な観点から解釈できないとなると、その原因は、この作曲家が歴史的に見れば過去や未来の個人ではなく、全くたんに彼の時代の一人の人間にすぎなかったということにある。彼は19世紀に生まれ、20世紀に亡くなり、同時代人たちと同じように、その時代の政治的、社会的、そして芸術的な諸問題と対決しなければならなかった。自分とは異なる主張と向き合うことにより、フルトヴェングラーは彼の時代の音楽的刷新を注意深く観察したのであり、それは彼の作曲上の表現法や演奏会で取り上げた曲目にも影響を与えている。まさにこの創造的な思考と芸術作品による他に類を見ない対立のゆえに、フルトヴェングラーは「アカデミック」な作曲家ではなく、おそらくむしろ「現代的なロマン主義者」あるいは「ロマン的な現代人」と言えよう。これも結局はまた、フルトヴェングラー独自の意義を覆ってしまう音楽史的なレッテル付けかもしれないが。本当の芸術家はたいていがそうだが、彼はどんなカテゴリーにも時代にも属さないのである。

　第二次世界大戦後、ヨーロッパの知識人たちは追放され、芸術は政治に巻き込まれ没落の憂き目にあった。フルトヴェングラーは制度化した芸術の群集心理を拒否し、自らは誠実であり続けた。1930年以来、彼が繰り返し強調したのは、人は決して自らの人間性を排除するべきではないということだった。

　フルトヴェングラーの芸術的立場は、彼の時代の独裁者へは何の関係も持たず、道徳的な問題のために責務を果たすことになった。フルトヴェングラーの芸術家としての一切の態度が推測させるのは、芸術というものは彼の理解によれば、どんな政治的、宗教的、知性的あるいは教義的なものとも関わらず、その眼差しは人間的なエトス（倫理）へと向けられるべきだということだ。このエトスこそ「単純性の力」によって刻印されているのであり、根本的で本質的で普遍妥当的な真理においてしばしば見られるものなのである。フルトヴェングラーは決して屈しなかった。彼が倫理的な態度のゆえに悲劇的な結果を覚悟しなければならなかった時でさえもである。20世紀中頃のほとんどの作曲家たちは、結局は悪口を言われ、迫害され、無情にも亡命へと追い込まれた。芸術家の真の重要性は、ただもっぱらこの倫理的な試金

石に拠っていないだろうか？

　フルトヴェングラーは自作の指揮者として登場するのがとても苦手だった。彼には自らの告白を公にするのは辛いことだったからだ。それゆえ、オーケストラの指揮台に立つことには、彼を解放する効果があった。彼はむしろ過去に向いていたので、指揮者としての行為によって自分のパラダイスに戻って、そこで自分と同類の精神に出会うことができた。ロマン派の作曲家の作品は、彼の本性はこれらの作曲家に重なるということを彼に教えた。これらの作品について彼が伝説的な演奏を残したことがその証拠である。以上の全てから推測されるのは、フルトヴェングラーの芸術的な遺言は永遠にひとつの悲劇的＝逆説的な内容を持つであろうということである。指揮者フルトヴェングラーは作曲家フルトヴェングラーを救ったのである。

1997年夏、ルーアン


〔参考文献〕　〔（　）内は邦訳書名〕
FURTWÄNGLER, Elisabeth: *Wilhelm Furtwängler*（『人間フルトヴェングラー』）
FURTWÄNGLER, Wilhelm:
　　*Briefe*（『フルトヴェングラーの手紙』），
　　*Aufzeichnungen 1924-1954*（『フルトヴェングラーの手記』），
　　*Vermächtnis – nachgelassene Schriften*（『音楽ノート』），
　　*Ton und Wort*（『音と言葉』），
　　*Gespräch über Musik*（『フルトヴェングラー　音楽を語る』），
　　*Entretien avec Hans Müller-Kray*（『ハンス・ミュラー＝クライとの対話』
　　フルトヴェングラー：ヴァイオリン・ソナタ第2番ニ長調のCD[Timpani：1C1001]
　　付属のブックレットに所収）
HANSLICK, Eduard: *Vom Musikalisch-Schönen*（『音楽美論』）
HEIDEGGER, Martin: *Der Ursprung des Kunstwerkes*（『芸術作品の根源』）
KANT, Immanuel: *Kritik der Urteilskraft*（『判断力批判』）
LEVI-STRAUSS, Claude: *Race et histoire*（『人種と歴史』）
TAINE, Hippolyte: *Philosophie de l'art*（『芸術哲学』）

ジョージ・アレクサンダー・アルブレヒト

〔インタビュー〕
# 世紀末の一人の指揮者が見た
# ヴィルヘルム・フルトヴェングラー

**聞き手：セバスチャン・クラーネルト**

*アルブレヒト教授、あなたはフルトヴェングラーとは個人的にどうやって知り合ったのですか？*

遠くにいる彼と出会ったのです。つまり演奏会場で。私は聴き手、彼は指揮者でした。もし彼を聴けるというなら、それをしない人はいなかったでしょう。1950-51 年、私は15-6 歳でしたが、それが人生においていかなるチャンスであるか、よくわかっていました。

私は指揮者になりたいといつも思っていました。既に 14 歳で最初の演奏会をやり遂げた時、全くはっきりと悟ったのです。これがお前の人生なのだ、そしてこの人は現存する最も偉大な指揮者だ、お前も覚悟しなければならない、とね。

私はティンパニの後ろの席を手に入れました。そしてそこで――何と言うべきか――ユピテルの閃光が私を襲ったのです。《エグモント》序曲が鳴り響きました。そして、大フーガです。最後の演奏曲はもう覚えていません。しかし、自分が聴いたこの実存的な驚きを思い出すのであり――私は今ヌミノーゼ的な意味で「驚き」と言っているのですが――その時私は《エグモント》序曲の最初の出だしを聴いたのでなく、ただそこに起こったことを見、そしていかにそれと後に続くものが響くかを聴いたのです。彼の目、彼の自然な身のこなし・・・これを述べる必要はないでしょう。なぜなら、そういうことは始終、何度も叙述されていますから。

そこで明らかに知ったのは、彼は我々演奏家のような音楽家ではなく、当時の私の表現を借りれば、私の神々であるベートーヴェン、ブラームス、そ

してブルックナーの直系の子孫であるということでした。彼は自分が指揮した曲「そのもの」だったのです。それを「こしらえる」、つまり何か習い覚えたものを複製したという意味ではなく、それを作曲するかのように、つまりその瞬間に作曲されているかのような指揮だったのです。

音楽を再現するこの能力は、もはや一つの世界でした。これを彼から受け継ぐことのできる人はいないでしょう。時代は無慈悲にも音楽の発展を非人間的なものへ、機械へと持ち込みました。自由な即興や最高に精神的な活気が発揮できる条件はますます悪くなっています。私たちはあまりにも多くの機械、コンピューター、存在する一切のものによって、ますます束縛されているのです。

蒸気機関が発明された時、ゲーテは見事に予感していました。彼はこれが人間にとって何を意味するかをわかっていた。私がゲーテに言及したのは偶然ではありません。フルトヴェングラーはゲーテ的な人間でした。なぜなら彼は全体として生き、全体性を全く比類ないやり方で代表していたからです。ただ、フルトヴェングラーは人間が荒廃し衰弱するだろうという、このゲーテの危惧が間違っていることを証明したことになります。精神的な荒廃現象が手出しできない人がいたということです。非常に新鮮に、生き生きと精神的に、そして温かい血の通った音楽をする人がいたということです。それはまさしく即興をするベートーヴェンのような、オルガンを弾くバッハのような、楽器演奏の巨匠がその楽器を弾くようなものでした。

忘れたくありません。即興というものは、書き下されたものよりもはるかに音楽だったのです。書き下されたものは小さな部分でしかありません。他のものは全て空中に消え去ってしまいます。いずれにしても我々には近づくことができません。バッハ、モーツァルト、ベートーヴェンが即興した膨大な音楽があったということです！

フルトヴェングラーは多くの個別の部分から成るオーケストラによって、音楽的な自発性という現象、つまりこの瞬間に音楽を再び誕生させるという、奇跡を実現したのです。

これはフルトヴェングラーを聴いた最初の演奏会でした。その後、私は誓いました。もし彼が再びやって来る時は、楽譜を全く見ないで済ますために

プログラムを暗譜しよう、と。それから私は暗譜に取りかかりましたが、結局はプログラムの半分しかできませんでした。1951年のことです。そのプログラムとは、ベートーヴェンの第1交響曲と——休憩を挟んで——フルトヴェングラーの第2交響曲でした。

彼は既にヴィーンで気絶の発作に襲われた後で、とてもやつれていました。当時、駅では新聞売り子が「フルトヴェングラーが事故に遭った！」と叫んでいましたが、そのくらい彼は有名だったのです！　今なら政治の事件とか列車の事故とか飛行機の墜落がなければ、人は叫ばないでしょう。私は忘れられません。「フルトヴェングラーが事故に遭った！」という叫びを。

私がフルトヴェングラーの交響曲を暗譜できなかったのは、楽譜を買えなかったからでもありました。なぜならそれは残念ながら今でも正式に出版されてはいない曲だからです。だから、ベートーヴェンの第1交響曲だけを暗譜することができました。座ったのは今度はティンパニの後ろでなく、客席でしたが、彼の手や頭の微かな動きや彼の仕草を、私は見逃しませんでした。そして何よりも、そこで音楽として起こっていることをしっかりと見届けました。

　この演奏会の後、私のヴァイオリンの先生が彼について語ってくれました。先生は当時70歳をとっくに超えていました。そして今やあなたのご質問に答えられるのですが、フルトヴェングラーとの個人的な出会いということですよね？　それはあるともないとも言えません。彼は少しの間、私に関心を示し反応もしたわけですが。

　これを私はあなたにいくらか回りくどく話しています。思い違いでなければ、それは1911年以降のことでしたが、ヘルマン・グレーヴェスミュールは第1次大戦勃発まではシュトラースブルクでハンス・プフィッツナーのもと第1コンサート・マスターをしていました。この時期、フルトヴェングラーは当地の歌劇場で駆け出しの楽長だったのです。グレーヴェスミュール氏は私によく言ったものです。フルトヴェングラーはオペレッタをそこで初めて指揮したのですが、当時の彼の指揮はいくらかぎこちなかった。多くの人が彼の指揮は不器用であると思っていました。しかし、それこそ彼の指揮だったのです。円滑、優雅、洗練を彼は拒んだのです。彼において身振りは精

神の表現でした。そしてある時グレーヴェスミュールは彼にそう言ったのです。グレーヴェスミュールはフルトヴェングラーより少し年上でした。8、9年くらいは上でしょう。「指揮する時は、腕を引っ込めるのではなく、前へと美しく差し伸ばしたほうがいい。」フルトヴェングラーはこのことを決して忘れませんでした。彼らはシュトラースブルクで友情を結び、その生涯に渡って交流は続いたのです。後にグレーヴェスミュールは機会がある度にフルトヴェングラーを楽屋に訪ね、歓迎されました。「やれやれ、僕はまだ相変わらずですか？」

既に少し前に申し上げたように、14歳で短いズボンを履いてヘルマン・グレーヴェスミュールの室内オーケストラのコンサート・マスターをしていた私は、代理として最初の演奏会を指揮しました。私の師匠であるグレーヴェスミュールは、それからしばしば定期的に公開演奏会の指揮をするという機会を与えてくれたのです。彼はこの少年とその指揮の才能についてよくわかっていたのです。

彼は前述の演奏会の後、フルトヴェングラーのところに行き尋ねました。「才能のある生徒が一人いるのだが、彼を試してみて、良かったら推薦状を書いてやってはくれないか。」するとフルトヴェングラーはいくらか驚いてこう答えたのです。「いや、もし才能があるなら彼は成功しますよ。」

もちろん、今までずっと、この神のごとく崇めてきた指揮者が私について言ったことについて考えてきました。これは遠慮なく他人を押しのけて世間に出ていくということを意味してはいないはずです。舞台に立てば、自ずとその人のことは、人格にしても才能にしても伝わるものです。

これを彼は考えていた。機会を与えようと与えまいと、彼は一人でも成功するだろう。フルトヴェングラーが私を試験するかどうかということよりも、この話からさらに多くのことが学べました。なぜなら、私はこのすばらしいヴァイオリンの先生からとても大事にされていたからです。11年もの間、彼は私に寄り添ってくれました。7歳で私は彼のもとに来て、18歳で最終試験を受け、一人前のヴァイオリニストとなったのです。

このようにして私は学びました。つまり、お前は一人で泳がないといけない、ということです。保護されることは、たとえそれが最高の地位によるものであっても、お前が自分の道を一人で求めることを不可能にさせてしまう

だろう、と。

　あなたは、2回目のフルトヴェングラー指揮の演奏会で彼の第2交響曲を聴かれています。当時、この作品にどんな印象を持たれましたか。そして、作曲家フルトヴェングラーに対するあなたの関係はどのように発展していったのでしょう？

　16歳の私は、ブルックナーについてはほとんど知らず、ブラームス、チャイコフスキー、ベートーヴェンの交響曲についても少ししか知らなかった。フルトヴェングラーの第2交響曲は私にとってはまさしく巨人でしたが、当時の演奏ではスケルツォのテーマしか覚えていません。この交響曲について考える時、今でも真っ先に思うのはこのテーマです。当時の私には、指揮者や人間の方がこの作品よりも重要だった。心配だったのは、彼が最後まで持ちこたえられるかどうか、転倒したり心の平静を失うのではないか、ということです。だから、私はこの作品に対して、純粋に音楽的な関心よりも人間面での関心を多く持っていたのです。私にとって大事なのは、ヴィルヘルム・フルトヴェングラーでした。彼がまっとうな作曲家であることは既に私には明らかだったのですが、それは二義的なものだったのです。当時の私にはこの指揮者の人間と天才のほうが重要だったからです。

　さて、それから10年が過ぎました。非常によく覚えています。私の父は医師で、我々はブレーメンの彼の診療所に住んでいました。彼が診察を中断し白衣のまま私の部屋に上がってきて、フルトヴェングラーが亡くなった、と言ったのです。全く信じられませんでした！　父は熱心で厳格な医師で、時間にはとても厳しい人です。診察を中断するなんてことはそもそもありません。電話がかかってきても中断しません。音楽のことならなおさらです。父は音楽を特に好きではなく、フルトヴェングラーがどういう人かも全くわかっていませんでした。しかし、父は彼が父親像として自分以上に私には重要であるということを知っていました。他方、父は私にこの人が全ての人にとって、たとえ音楽を知らない人にとってもいかなる地位にあるかを示したわけです。

　歳月が流れ、私はヴァーグナー、ブルックナーそしてマーラーの魅力を知

りましたが、フルトヴェングラーという精神的天才像は常に念頭にありました。私が決定した全てのことにおいてです。どんな作品をレパートリーにするか、どのオーケストラを指揮するか、そしてそもそも、いかに人生を形成するか、人は決定しなければなりません。特に作曲家ヴァーグナーとブルックナー、そして彼らとの語らいにおいて、私はフルトヴェングラーを常に指標として、着想の仲介者として考えてきました。自分の生涯に渡ってです。

　それから私は自分でもオペラと演奏会のレパートリーを作り上げることになります。経験を積んだ私は自分に言いました。お前はフルトヴェングラーの手紙、著述、日記から、彼が自分を作曲家としていかに強く感じていたかを知っている。ならば、お前は彼の作品のために尽力するべきではないのか。現に彼の作品はほとんど演奏されていないのだから、と。指揮者フルトヴェングラーは今日でも常にまだ最高の人気、関心、尊敬を得ています。しかし、作曲家フルトヴェングラーにもそれは必要です！　私はハノーファーで第２交響曲を演奏することから始めました。それからフィルハーモニア・フンガリカの首席指揮者をした時そこでも第２交響曲を、さらに第３交響曲を演奏したのです。そしてその時すぐに自然に感じられたのは、フルトヴェングラーの精神的理想像がほぼ実現したということでした。なぜなら、彼の作品に備わっている旋律や和声の高貴さは、まさにベートーヴェンやヴァーグナーのそれと同じだからです。ベートーヴェンの旋律は、そのどれにも生得の高貴さが豊かにあります。これはただ生得なものなのです。ヴァーグナーでもそれは同じで、フルトヴェングラーもそうなのです。

　そこで私は、できる限りどんどんやろう、と思いました。ここヴァイマールでも非常に喜ばしいことに、1998年に第３交響曲を演奏することが決まっています。ヴァイマールでは彼の作品は演奏されたことがありません。ご存知のように、彼の曲はあらゆる楽器にとって演奏が至難です。他のプログラムよりもはるかに多くのリハーサルが必要になります。指揮者としてしなければならない楽譜の校訂の仕事も膨大なものです。でも、これはまた別のテーマですが。

　*フルトヴェングラーの作品は——多くの点で言えるのですが——巨大です。演奏批評も、また実際に演奏した音楽家からですら、彼の作品はある意*

*味で過去のものであるという意見が述べられるのは珍しくありません。その音楽語法は古すぎるというのです。あなたはどう思われますか。*

　そうですね、これはマーラーの場合と同じ状況です。今ようやく、いわゆる「忘れられた世代」が評価されています。美術の世界では 1950 年代や 60 年代には、具象的に描くことはできませんでした。まさしく同じことが音楽についても言えます。これは私がもはや作曲をせず指揮だけをしている理由でもあります。なぜなら私には、自分が倍音による自然法則を離れたり否定して、調性を放棄することができないのは明らかだったのです。それは私の精神的な素質、信念、感覚、思考に全く反していた。間違った時代に生きている私は、作曲をしないで、指揮だけをすることにしたのです！　もちろん、ある時期には両方をしていました。だから、調性を否定しようとする世紀に、あえて調性に忠実であろうとすること（パウル・ヒンデミットは確かにこれをする力を持っていました）が、どのくらい大変かということもわかっています。

　20 世紀の初頭、最初の 10 年で既にカンディンスキーとシェーンベルクにおいては、それぞれ同時に大きな転機が訪れていました。これは信じられないような現象です！　私は無調性に反対を言いたいのではない。あなたも知っているように、私の指揮者生活の重要な契機の一つはシェーンベルクの《モーゼとアロン》だったのです。調性に忠実であるには全く特別な力が必要であるということは、再びはっきりと言っておかねばなりません。しかし、これは音楽の芸術的な価値とも関わりがない。調性を守ったからといって、その音楽が良いわけではない。そんなに単純なことではありません。

　私はこう思います。どんな時代にも非常に前衛的で地平を――たいていは力ずくでその青年期に――切り拓いた芸術家はいました。ベートーヴェンやヴァーグナーはそれに属します。ブルックナーは違います。彼においてそれは無意識的に起こったのです。彼は完全に中世やバロックに向かっていました。自分がしたことに彼は気づいていなかった。シェーンベルクらについては話す必要はないでしょう。このような芸術家はいつもいましたから。

　しかし、先人たちの様式傾向や業績の――技術的な業績に至るまで――そして芸術表現の溜め池のような芸術家もいつもいますね。バッハは両方でし

た。つまり、溜め池であり偉大な改革者でした。ベートーヴェンもそう！　私はモーツァルトを、今の人が考えるよりもはるかに伝統を重んじる作曲家であったと思っています。ボーマルシェの『フィガロ』に作曲したという理由だけでも彼は改革者ではないです、そもそも破壊者ではありませんでした。モーツァルトは保護者であり溜め池です。それは彼がバッハに回帰した時からではなく、もっと前から既にそうだったのです。これは第一級の芸術家であるならば伝統を顧慮しているという好例です。

　フルトヴェングラーにおいては　巨大な響きの発展とブルックナー的、マーラー的な規模が、20世紀の最初の四半世紀に生まれた音楽を思い起こさせます。その後の音楽では縮小が始まりました。ヒンデミットでは既に控え目となり、シェーンベルクですらも室内交響曲を作っていることなどからも明らかです。小さな楽器編成への関心が生じたのです。

　乱暴に言えば、巨大嗜好はユーゲントシュティールの時代にその頂点を迎えていたのです。そして、フルトヴェングラーはユーゲントシュティールの時代に成人となり、その清華を体験した世代に属しています。しかし大規模な楽器編成も、たんに彼のパレットであり表現手段であったにすぎません。彼は和声的には途方もない大胆さを持っていた、と私は思っています。和音を個々に見てみれば、途方もない構造のものがあります。そしてそれは頻繁に生じているのです。しかし、そこでしばしば言えるのは、それはマーラーの第10交響曲のアダージョにもあるということです。

　これらのことは重要だと思います。私は今63歳でこれまで50年間、音楽に積極的に関わってきましたが、ますます悟っているのは流行とか傾向というのはそもそも重要ではないということです。時代が芸術的な現象から遠ざかれば遠ざかるほど、すなわち歴史に属する時間が長ければ長いほど——これはフルトヴェングラーにおいても既に数十年経過しているわけですが——人はさらに距離を置き、この様式的な問題はもっと取るに足らなくなります。シェーンベルクやフルトヴェングラーのような、作曲家としては理解し合えなかった人も、さらに5、30年経てば理解し合えるようになる、と私は思います。なぜなら彼らは2つの同じように偉大な才能だからです。

　プフィッツナーはシューマンとヴァーグナーの交友について見事な論文『ロベルト・シューマンとリヒャルト・ヴァーグナー——巨匠の交友』を書

いています。2人はその生涯において誤解があったに違いないのですが、晩年には理解し合っています。それは彼らが芸術的には兄弟だったからです。

　フルトヴェングラーとシェーンベルクはブラームスについてとても熱心に議論をしていました。フルトヴェングラーは——彼自身が言うところによると——ブラームスの作曲法について、これより優れた話は他の誰ともしていません。しかし、それでもフルトヴェングラーにとって無調音楽というものは頭脳の産物であり、それによっては音楽は行き詰まってしまうものでした。シェーンベルクはその晩年、再び調性へと戻っています。

　ヒンデミットもそうです。親の元へと戻るというわけです。
　もう一つ例を挙げましょう。マーラーはシェーンベルクについてこう言いました。「私は彼の作曲が理解できない。」　しかし、マーラーは彼のことを高く買っていました。シェーンベルクがフルトヴェングラーの作品を聴いて知っていたかどうかは知りません。ただ私に言えるのは、様式の違いは何十年も経ってしまえばなおのこと言うに足らないということです。それは全くたいしたことではありません。私が問いたいのはただ一つ、それが良い音楽であるかどうか——うまく「こしらえられた」音楽はとても多いですが——しかも偉大な音楽であるかどうかということだけです。そして、私はフルトヴェングラーにはためらうことなく、ヤー（Ja）と言います！　人々が当時の流行の視点から何を考えたかはどうでもいいのです。

　確認せざるをえないのは、作曲家フルトヴェングラーのブレイクはまだ生じていないということです。おそらく今日の全てが性急な時代には、この規模のものを扱うのは非常に困難でしょう。
　アルブレヒト教授、フランス、イギリス、日本そしてアメリカ合衆国では、フルトヴェングラーについて多くの催しがなされています。なぜドイツでは、作曲家や指揮者としてのフルトヴェングラーへの関心があまり高くないのでしょう？

　私たちは知っています。預言者は故郷では異郷よりも歓迎されないという

ことを。他にもいくらでも例のあるこのことを、フルトヴェングラーはわかっていました。

悪いのはもちろん政治です。多くのユダヤ人の友人たちが彼を弁護したものの、ナチズムと関連させられがちなのは不幸なことです。人は相も変わらずフルトヴェングラーを非難し、ナチに関連付けようとしています。ことの次第はこうであると私は考えています。

私がフルトヴェングラーの作品をプログラムに載せても、報道機関は歓迎しないだろうということはよくわかっています。しかし、それは私にはどうでもよいのです。強制収容所で命を落とした作曲家の作品も、私は演奏します。ここヴァイマールで、私がいわゆる「禁止された音楽」を演奏することは非常に重要なことなのです。それから、別の仕方で禁止されている音楽をも演奏するべきです。ある意味では、フルトヴェングラーは戦後でもまだ禁止されているのです。他の国々ではこれは再検討され修正されましたが、ドイツではなかなか進みません。しかし、私はあと2，3年は彼のために何かすることができるという希望を持っています。

*フルトヴェングラーにとって「ドイツの」音楽は本当に重要なものでした。しかし「ドイツ的」という概念を用いたり、自らの文化的アイデンティティを告白することで、我々はそもそもとても難しい状況に置かれてしまいます。*

そうですね。ドイツを愛すると言えば、ただちにその人はナチと見なされます。戦後、祖国を愛するということは、学校教育で組織的に避けられてきました。

かつて恐ろしいことが起こったのです。それは全ての人がわかっています。そして、そのことは決して否定されてはならない、と何度でも言わねばならない。

しかし、それに対してあるのは、ゲーテやシラーなど、すばらしいドイツの文化です。ヴァイマールに生きている我々は、これらの名前を挙げる必要もないし、あえて宣伝しなくてもよいのです。ただし、我々のドイツの文化を「ドイツの」文化であると見なし愛する勇気を、徐々にでも持たねばならない。つまり、やましい気持ちを持ったり、引用符を付けたり、皮肉を込め

たり、他の事物との関連でそうするのではなく、ただその文化をあるがままにドイツの文化であると感じられるということです。そして、この観点からすれば、フルトヴェングラーは常に非常に不当に扱われているのです。彼の芸術を政治と混ぜてしまうのは不幸なことです。

　彼の総譜のどこからでも感じとれることがあります。彼の音楽は政治からは全く自由なのです。彼にとって重要なのは響きであり、純粋で偉大な形式であり、精神の表現です。つまり純粋に人間的な表現なのです。権力や支配や経歴や商売などを求める下心はなく、純粋に魂＝精神の純粋で明晰な現象なのであり、人はそれを徐々に理解するようになるでしょう。政治的な事柄とは距離を置いているということが彼の作品には救いになるよう、私は期待しています。

　フルトヴェングラーの音楽は――偉大な巨匠の音楽ならばみなそうですが――我々に音楽史として提示されるべきではないと思うのです。彼の音楽はむしろ直接に「今日の」人間に関わるのであり、彼の精神と感覚の一切を挙げて人間を捉えているのです。ここでは、皮相的でも表面的でもない20世紀の性格が、その部分的には混沌とした生命感情や性急さや興奮を伴って映し出されています。作曲者は人類の代表として、情け容赦なく率直に聴き手に内心を打ち明けるのです。これは時代精神に合致することは滅多にありませんし、それだけにいっそう――ほとんど意識されなかったとは思いますが――聴衆の望みにも合致しません。フルトヴェングラー作品を演奏した後には、困惑と称賛の入り混じった反応を体験してきました。確かに聴衆は、巨大な構造をみなぎる緊張の持続を共にするように強く求められます。しかし、これに人は慣れていないので修得しないといけないのです。

　それは我々演奏家にも確かに求められています。我々がもしここで歴史的に定まった視点によって近寄っていけば、失敗してしまうでしょう。この音楽が人の感情や精神や音楽的な力の全てを挙げて理解されるとしても、それは彼が指揮者として範を示したように、ただ演奏され、理解され、聴かれるだけでよいのです。そうして初めてこの作品には未来が開けるでしょう。

　私はさらにこう言いたい。そうなって我々にはそもそも文化人としての未

来があるのです。そして、フルトヴェングラーが試金石であるということを真剣に受け止めなければならない。我々はこの精神的な遺産、精神的な可能性をどう理解すればよいのでしょうか？　もし我々が測定可能な価値、つまり音の高さや長さ、音楽史的なカテゴリーしか見ないのであれば、それは無意味なことでしょうし、文化というものをそもそもわかっていないということになります。そんなことからは全く何ももたらされないのです。

　しかし、大いに有益なのは「全体性」というものから思考し、感じ、演奏し、作曲することです。私が望むのは、流行から徐々に距離を置きつつある若い作曲家たちが、フルトヴェングラーから学ぶべきものがあると再び気付くことです。すなわちそれは「自然の生成」ということです。作曲家フルトヴェングラーは確かに、最高の知性のもと、事物を自然に発展させることができました。つまり、テーマ、和声、ダイナミックの発展であり、リズム、旋律の発展です。一つのものから他のものへの、あたかも植物が種子から木になり最後には実をつけるような発展です。これは総譜の中で確かに認められます。それを読み取ることができないといけませんし、その精神を発展させ、そこに未来の精神的な人間が真に健康になる道があるように導いていかねばならない。その道は個々のものや、測定可能なもの、確定したものの中にはないのです。そこを探しても行き詰るでしょう。しかし、一つの開かれた道があります。それは受容史における彼の作品にとっての道であるだけではなく、私の考えによれば、この精神的な現象と関わる我々の未来にとっての道でもあるのです。

　*もう一度、指揮者フルトヴェングラーに戻りましょう。既におっしゃられたのは、あなたの評価によれば彼の後継者はおらず、コピーをするのすら不可能だということです。では、あなた個人はどのように彼を手本としてきたのでしょう？*

　これは長くて苦痛に満ちた歴史です。私の師匠グレーヴェスミュールはフルトヴェングラーの年上の友人だったのですが、彼をことのほか尊敬していました。グレーヴェスミュールはヴァイオリンのレッスンの時、私によく言ったものです。「わかるかい。まず何と言ってもフルトヴェングラーなんだ。

次に挙げるべき人はいない。そのだいぶ後に来るのが他の偉大な指揮者たちだ。」 当時はブルーノ・ワルター、アルトゥーロ・トスカニーニ、ハンス・クナッパーツブッシュらがいましたが、フルトヴェングラーは特別というわけです。

　私が室内オーケストラの末席ヴァイオリニストとして働き始めた時、もちろん我が師グレーヴェスミュールは——私が7歳で弟子入りした時、彼は既に70歳になっていたのですから、何という隔たりがあったことでしょうか——指揮をしていました。そして私はヴァイオリニストとして彼から無数の刺激を受けることになります。私はしゃにむに頑張り、コンサートマスターになり、そこで一番近い場所にいる指揮者からあれやこれやのことを全て教わりました。グレーヴェスミュール氏はフルトヴェングラーの技術を第2の「私」と言えるほど自分のものにしていたのです。

　特にあなたに申し上げたいのですが、堅実な職業ではこういうことは見当もつかないでしょう。もしイタリアのオーケストラに行き、《エロイカ》のためにたった3回のリハーサルしかないとしたら、ただ明瞭に振らないといけない。もし「フルトヴェングラーの技術」を試したりしたら、リハーサルはうまくいかないし、あなたがまた呼ばれることはないでしょう。

　そもそも楽員がいつ弾き始めるかがはっきりしなくなるわけですが、明瞭さを私は拒みます。フルトヴェングラーはしばしば楽員たちに「自分をそんなにしっかりと見ないでほしい」と言いました。彼は固定されたもの、きっちりと決められたものを望まなかったのです。

　*あなたは《ティル・オイレンシュピーゲル》の録画もよくご存知ですね。それはフルトヴェングラーの演奏の映像としてはほぼ唯一、欠けることなく全曲が収録されています。これを見れば見るほど、彼の振り方はどんな細部に至るまでも明瞭であると思えるのですが。*

　驚くべきことです！　チャイコフスキーの第4交響曲においても、トランペットの切れ味のよい演奏はあたかもトスカニーニが指揮したようです。フルトヴェングラーはこうもできたということです！

　既に少年の時に、私は自分に誓っていました。決して真似はしない、と。

しかし、それはとても辛いことでした。私の先生がこの技術によって演奏していたので、他のようにはできなかったのです。私は指揮することを学んだことはありません。グレーヴェスミュール氏が指揮の仕方を教えてくれたことはありませんでした。長年、私は指揮を続け多くの演奏会をしてきましたが、彼から言われた唯一のことというのはこうでした。「いいかい、1拍目をいつもちゃんと下へ振り降ろすのだよ。」

イタリアのシエナに行き、そこの国際指揮講習会とコンクールに参加した時のことです。講師はパウル・ファン・ケンペンで、彼はヴィレム・メンゲルベルクの弟子です。そのおかげで私もマーラーに親近感を持つことになりました。

シエナでの《フィデリオ》序曲が、私の人生で初めて大きなオーケストラを指揮した体験となりました。ファン・ケンペンからはこう言われました。「君は一等賞だ。しかし、私のもとで学び直してくれ。君は自ら持っている技術を全く用いることができないから。」

その講習会は5週間続きましたが、私は自分の指揮や世界観を愛していました。堅苦しくなく、素直なものが好きでした。指揮でも大きな精神的な連関を示したかった。「ここはこのようにアウフタクトを演奏するべきだ」などという細部の指示をするのではなく、大きな流れを求めました。そして楽員を信頼することによって、不明瞭な指揮でも共に明瞭に感じられるようにしたかったのです。ヒモをつけて無理やり引っ張っていくのでなく導きたかった。しかし、このような哲学は完璧に断念せねばならなかったのです。ファン・ケンペンは厳格極まりない窮屈な教師でした。

もし私の理解が正しいなら、「世界観」の他には特に運動の経過が重要だったのではないでしょうか。あなたはおそらくそれを、2回経験されたフルトヴェングラーの演奏会で感じられたのではありませんか。指揮者フルトヴェングラーのイメージを視覚として持っていた。

そのイメージを私は多年にわたってグレーヴェスミュールと共に持っています。

残念なことに私はフルトヴェングラーを直接体験することはできませんでした。しかし、彼の指揮芸術において、とりわけその響きの多様性と表現力を私はすばらしいと思っています。結局のところ思うのは、求める響きを引き出せるならば、指揮がどう見えるかというのはどうでもよいのではないかということです。

　フルトヴェングラーの響きは身体が完全に弛緩していないと生じません。彼はスキーの名人で、乗馬も上手でした。指揮でもひざをよく曲げていました。ある時はスキーヤー、ある時はゴム人形、またある時は道化のように見えました。フルトヴェングラーが指揮台に登場し、体がぐらぐらしたり、腕をぶらぶらさせたりする時、彼はとても弛緩していて、決して正確な演奏にはなってはいけないのだと我々に思わせるほどでした！　つまり、フルトヴェングラーの響きはただこのリラックスした運動からだけしか生まれないのです。

　確かに我々は外面的なものを重視してはなりません。しかし、もし運動によって新しい響きの感情も伝達しようとするなら、外面的なものに頼らないわけにはいきません。

　私の教師であったパウル・ファン・ケンペンのことを考えると、結局はそうなります。何よりも彼は私、そして私の芸術家としての存在の全てを破壊しかねなかったのです。
　指揮者になって最初の頃、つまり練習指揮者、そして第2、第1楽長をしていた頃、この「イタリアの技術」は仕事として指揮をするのに役立ったのは確かです。私の指揮の仕草や運動から模範としてのケンペンのイメージが消え去ったのは、またさらに何年も経ってからです。パウル・ファン・ケンペンのように見えるかどうかなどとはもう思いませんが、正直に申せば、私はフルトヴェングラーへ戻って「フルトヴェングラーの技術」を使うようになったのではありません。しかし、私は彼の技術を、そしてこの指揮者の精神的イメージと響きの理想を、また彼の精神的な理解を忘れたことはありません。40年以上もの間、大きなオーケストラと演奏しつつ、私は音楽家が用

いている明瞭な技術とヴィルヘルム・フルトヴェングラーの魂の態度を融合させようと努力してきました。ただ、彼の現象を模倣する、つまり彼の指揮の仕草を真似するなどというのはとんでもないことであると思うのです。

　指揮者が一緒に演奏旅行をしたり、作品を何度も繰り返し演奏しているようなオーケストラならば、その楽員は指揮者の意図を極めて正確にわかっています。そうなると——フルトヴェングラーはこれをベルリン・フィルと最高度に実践したのですが——そもそも技術というものをもはや必要としなくなるのです。ブラームスやベートーヴェンを演奏する時ほとんど技術を使わないで演奏できる。人が歳をとるほどに重要になるのは効率を良くするということです。フルトヴェングラーの指揮は確かに晩年には信じられないほど控え目でした。グスタフ・マーラーもそうだったようですし、クレンペラーのことも思い出してみて下さい。指揮は若い人が思うほど大きなエネルギーは必要ないのです。私が今ヴァイマールでそうであるように、指揮者がオーケストラと結婚しているなら、双方が幸福を体験します。余計なことをする必要はなく、物事はひとりでに流れていきます。そして結局、我々はリラックスと簡潔ということに思い至るのです。響きのイメージには曖昧なところは全くないのに、楽員たちには精神的に自由にできる余地を作り出すような、曖昧さを指揮者はまさに実践することができるのです・・・

　*・・・そして即興的な要素も流れ出すのですね。*

　それは言わばひとりでに生じるかのごとく、あなたはおっしゃる。オーケストラというものは、今晩がどうなるのか完全にわかっているわけではありません。音楽家の一人一人の意識が高くないといけない。つまり、楽員たちの共同の意識を指揮者が信頼しているということなのです。指揮者は彼らを無理やり引っ張っていきはしません。我々は皆一人前の、成熟した音楽家であり、同僚なのですから。

　*アルブレヒト教授、これまでお話しいただき有り難うございました。*

ジャン=ジャック・ラパン

## ヴィルヘルム・フルトヴェングラーと
## 彼の『手記(Aufzeichnungen)』(1924-1954)の意義[3]

　1954年11月の死の数日前、ヴィルヘルム・フルトヴェングラーは彼の妻に典礼儀式書を見るように言いました。「僕はそこにいつも後で詳細に論じたい事柄を書き留めて来た。気のきいたことはそうたくさん書いていないが、人々によく考えてもらいたいものは少なくないはずだ。」[4]

　これを編集することは、このドイツの偉大な指揮者の最後の望みを叶えることであり、それ以上のものでした。その豊かさにおいて稀有で比類のない、彼の全く独自の内面世界がここで公開されたのです。

　ではこの『手記(Aufzeichnungen)』にはどんな独自の価値があるのでしょうか?

　既に指揮者たちは、彼らの体験を語ることはありました。しかし、これらの文書は、しばしばそのエピソード的な性格により意義を局限されるか、指揮の技術にとっての実践的な指示を含んでいるだけです。フルトヴェングラーの文書のように、音楽の本質とその超越的な源泉について触れられているものは、めったにありませんでした。

　彼ならではの関心事は、既に『手記』の成り立ちによって明らかです。実際それは小さな手帳でした。それを彼はいつも携行していたので、あらゆる時に思想を書き留めることができたのです。しばしばそれは1、2行の着想にすぎない時もあれば、彼がまさに取り組んでいて後で戻ってこようとしていた問題に関する、もっと長い考察になることもありました。出会いや対話、あるいは演奏会の時、列車や待合室で極めて啓発的で多彩な着想が生まれました。そして、それは38歳の若い指揮者だった1924年から、彼の死の年である1954年まで及んでいます。30年にも渡る年月によって、生涯を形成し特徴付け導いた軌跡が明らかになっています。既にこのことだけで、フルトヴェングラーの『手記』は評価できないほど貴重なのです。なぜならここに

---

[3] 仏語から独語への翻訳: Ursula Wetzel
[4] Furtwängler, Wilhelm: *Aufzeichnungen*. Wiesbaden, 1980, S.8

は、一人の芸術家フルトヴェングラーの生活と発展の偶然を越えて、最初から確かな基本要素があり、時と共にどんどん強くなっているということを明らかに示しているからです。私たちはいずれそこにも触れるでしょう。

　日常的なものに反れてしまうことなく、『手記』は精神や内容において多様性や柔軟性を示しています。これらは私たちにその背後にある人間の偉大さを感じさせます。もともと公開することを意図したものではないので、それらの文体は確かに取っつきにくいですが、大変自由で自然であるため、この『手記』はフルトヴェングラーの著作の中でも特別のものであると考えられます。エリーザベト・フルトヴェングラーは彼女の夫の提案を受け入れました。なぜなら、彼女はこの『手記』にどんな重要性と価値があるかを知っていたからです。既に1956年、彼女による選択と責任により『音楽ノート(Vermächtnis[5])』が公刊されましたが、これは彼の手帳からの抜粋が基礎になっています。後に彼女はギュンター・ビルクナー博士に、これらの覚書の全てを解読するよう依頼しましたが、これは事情に適切に対処したものでした。なぜなら、覚書はゴチック体あるいはズューターリン体で手帳に鉛筆書きされており、わかりやすいどころか判読が難しかったからです。1980年、彼のこの覚書は『手記(Aufzeichnungen[6])』というタイトルのもと、ほとんど全部が刊行され、続いてフランス語版[7]とイタリア語版[8]が刊行されました。〔訳注：日本語版は1983年、芦津丈夫、石井不二雄の共訳で白水社から刊行された。〕

　もしこの『手記』の世界に歩み入るなら、私たちは並外れた偉大さと高貴な内容による宇宙を見出すでしょう。強靭な人間性がそこにあるということを発見し、人生の個人的な領域と特殊な環境についても豊富に述べられているにもかかわらず、それをはるかに超えて彼が抱いていた疑いや心配や確信についても知って共感することでしょう。出来事を超越してそこから教訓を引き出し、そして物事の道筋を観察してその背後にある力を認識し、音楽のような芸術の発展の意味を探求する、これだけでも既に並々ならぬことです。そこに西洋を基礎づける価値、すなわちバッハ、ベートーヴェン、ブラームスがまさに彼らならではの地位を見出す音楽界を解明する価値と固く結び

---

[5] Wiesbaden, 1956
[6] Wiesbaden, 1980
[7] Genf, 1994
[8] Udine, 1996

ついている絆があるのは明らかです。

したがって、『手記』はその流儀において彼の人生の尋常でない統一性を示しています。表面を見るだけなら、ただ多様な小宇宙があると思えるかもしれません。しかし、社会の疎外ということから、音楽における技術の限定的意義にふれ、交響楽の死にまで至る、その扱われるテーマの背後には一つの誠実な思考があります。この観点において、『手記』は一つの証拠以上のものです。これは一人の人間の公の生活の背後に流れている、実際の人生行路を示しているのです。そしてこの人生行路のほうがずっと真正で本質的なのです。

私はこの意味深いテキストからいくつかを引用し、ヴィルヘルム・フルトヴェングラーの人生と経歴に特徴的な面を挙げて解説したいと思います。

彼の人間としてのイメージと自身の人生行路についての理解について、最初に印象深く思われるのは、1924年に若きフルトヴェングラーによって示された次のような思想です。

「汝に可能で意欲し得ることを、意欲せよ。それをどこまでも明確に意識し、それに従って生きよ。」

「侵害するものは、肉体のない精神性から生まれた際限のない野心で、それは形成されたすべてのものとおよそ矛盾する。」

「決して自分自身を対象と見なさず、それについて語らないこと。常に具体的な事柄や仕事について（特に疲れているときには）話すこと。否定的な評価に拘泥しないこと。断じて、他人の話や評価に影響されて（受動的に）意見を変えないこと。常に積極的かつ冷静であること。常に真剣に本来の自己であること。」

または1927年からは2つの引用を。

「真の偉大さが真の普遍性と同じく稀であることを、私は知っている。一方は、もちろん他方と関連している。偉大さと普遍性は人と人との間にしばし

ば存在するが、それが現実に、つまり個々の人物のうちに存在することはきわめて稀である。」

「識者（たとえばバーナード・ショー）は、今日の類例のない愚昧性、狂言などが、暗黒の中世における以上に悲痛で厭わしいものとなっていることを認めるであろう。」

　そして1936年のそれは、その高潔さにおいて感動的です。

「巨匠の偉大さを信じることは人間の偉大さそのものを信じることである。（・・・）人間の偉大さへの信仰によって、魂は本来それが所属する中心点へとふたたび戻される。」

　いずれにせよ、1936年からの次の2つの引用はドイツにおける当時の出来事と関連していることは明らかです。

「人生は今日、これまでになく勇気に関わる問題となっている。」

「普通の意味での芸術とは人生の表現である。「偉大な芸術」とは人生の「指針」である。」

　1944年と1946年からは2つの苦々しい確言が見られます。

「今世紀の真の、そして究極の病いは高慢さである。キリスト教は、なぜ自分が神への謙譲を中心に置いたかを知っていた。」

「真実のところ、まさに悲しむべきことであるが、現代の世界は恩恵の状態にもはや耐えることができない。しかも、永遠にこの状態をあこがれつつ憔悴すべく運命づけられているのである。」

　ヴィルヘルム・フルトヴェングラーは疑いなく、20世紀の最も偉大な指揮

者のひとりです。したがって、自ずと明らかなのは、彼の『手記』は自らの職業上の心配や考察を反映しているということです。フルトヴェングラーが自らを指揮する作曲家と考えていたということを忘れてはなりません。1951年にはこう述べられています。

「私の場合、私は指揮棒を取るはるか以前に作曲家として出発し、生涯たとえ自分を指揮する作曲家とみなしても、作曲する指揮者とみなしたことは一度もないことを断っておきたい。」

1927年に書かれた初期の覚書においては、指揮者は精神的な態度に即すべきだという厳しい考えを発展させ、この職業の訓練方法がそのような自己理解と対立してしまうことを嘆いています。

「指揮者の職業倫理。技術的能力ではなく、心の持ち方こそ真の職業倫理である。（医師、僧侶。）」

「指揮者の不幸！　芸術であるべきはずなのに、ショーであり、喜劇である。」

彼は1930年にいくつかの単純な、しかし物事の本質に関わる言葉で、オーケストラを前にした指揮者の態度についてまとめています。

「オーケストラを前にして・・・
話すときには相手の顔を見ること！
落ち着いて話すこと！
要求のすべてを完全につらぬくこと！
なにごともできるだけ簡潔に語ること！
絶えず、まっすぐな澄みきった視線！
なるべく笑わないように。
たえず積極的にし、決して腹を立てないこと。
個人的なことで譲歩しないこと。」

そして、おそらく1936年のかの小さな文章には、フルトヴェングラーが彼の演奏で醸し出す並はずれた音楽的雰囲気の秘密があります。

「(拍を振ること)の問題：打ち出される姿勢によって、流れるメロディーへの感情が打ちこわされる。」

　同時代の音楽に対するフルトヴェングラーの態度についての決着しない論争——誤解と陰険な攻撃が延々と続いている——において、『手記』は歓迎される寄与をしています。しかし、私たちはフルトヴェングラーの言葉を読む前に、ギュンター・ビルクナーが1980年版の前書きで述べたことを読みたいのです。
「彼が「現代的な」同時代人たちの作品に対して閉鎖的であったという主張は支持しがたい。彼にとって決定的な限界は、音楽創造が過去と意識的な断絶を試みる地点、前もって知的な理論体系が打ち立てられ、のちにその助けを借りて「新しいもの」が生み出される地点に置かれていた。しかしながら、これは世代間の対立とは無縁のものであった。新しさのための新しさ、音楽家と喝采するジャーナリズムのための音楽を、生涯フルトヴェングラーは拒否しつづけた。(・・・) 彼にとって芸術は操作の容易なものではなかったが、再三再四、彼はこのような操作と取り組んでいる。」[9]
　この戦いをフルトヴェングラーは最初から息絶えるまで続けていました。この点で彼はエルネスト・アンセルメととても近いところに立っていましたが、これについて私は別の箇所で詳しく報告しています。[10]　とにかくアンセルメも、無調性のような芸術的傾向はその傾向をもたらす社会との関連において定められなければならない、ということをいつも主張していたのです。

　これに加えて1936年の覚書きを読みましょう。

---

[9] Furtwängler, Wilhelm: *Aufzeichnungen*, Wiesbaden, 1980, S.9
[10] Rapin, J-J.: *Wilhelm Furtwängler und Ernest Ansermet*, Übereinstimmung von Ansichten〔訳注：本訳書での『ヴィルヘルム・フルトヴェングラーとエルネスト・アンセルメ　二人の意見の一致について』〕

「極端に芸術的な方向（無調性）、たとえば理解不可能なものの拒否は、極端な個人主義、共同体の拒否である。人工的な共同体と自然の共同体（キリスト教）。」

1936年にはまた次のような覚書きもあります。過度の主知主義が引き起こした被害についてのものです。

「感覚と心情とは芸術においては一つであり——だからこそ芸術なのであるが——、悟性とは別種の意味深さを有している。その相違は、悟性が往々にして、感覚的・心情的な行為と形姿がどこにあり、どこにないかをまったく判別できないほど大きい。」

1947年のノートもこれを裏書するものです。

「現代人における極端に偏った知性への要求は、われわれが知性の誘惑に対して免疫性を失ってしまうという結果をもたらす。この誘惑は、学問でないものをも学問とみなすところに成り立つ。あの「探求しがたいものを静かに敬う」という姿勢は、われわれにとって至難のわざと思われる。」

しかし、調性の絶対的な優越は、次のような記述によって強められます。1954年の手記の中の一つ、つまり彼の死のすぐ前に書かれたものです。

「調性とは時間の構築的な配置にほかならない。それゆえ調性を放棄することはできない。われわれが時間と空間の現実、構築術の現実をもはや理解せず、見ること聞くことをやめて思考するとき、構築的な芸術のすべてが枯渇したとき、はじめて調性が枯渇するであろう。われわれが観察し聞くことをやめるとき、調性も枯渇するのである。生成した旋律は、今日ですらも、すべての理論を凌駕する。」

議論を呼ぶ、フルトヴェングラーにとって特に辛いもう一つの章は、彼の国における政治的な出来事についての彼の態度に関わるものです。その性質

からして、おそらく『手記』はこの非常に困難な時代に彼の中で起こっていたことを映し出す信用できる鏡です。フルトヴェングラーはこの国で、ますます恐ろしくなっていく一連の出来事を経験しました。国民の只中にあって、彼は自分が予見し、ついに勃発し、それにはただ芸術でのみ対抗せざるをえなかった崩壊というものを体験したのです。この最後の時である1945年2月まで、エルネスト・アンセルメは彼をスイスで指揮させるため招いていましたが、彼はその責任を完全に果たし、どこに運命が彼を連れて行ったとしてもそこから逃げたりはしませんでした。彼は他の人々と共に恐怖政治を生き抜きました。なぜなら、そのような試練に見舞われている人間には前よりもいっそうバッハやベートーヴェンが必要である、と彼は信じていたからです。彼がこの内的な抵抗を、偉大な巨匠の作品に日々接することで生み出す力によって可能にしたのは間違いありません。しかし、彼のそのような態度が、亡命して国外から抗議した人々からはしばしば批判されたということを、私たちは知っています。たとえそうでも、彼の態度における高貴な精神、そしてそれを断念したり意欲したりすることは、しばしば古代の模範を思わせます。『手記』のあるページはマルクス・アウレリウスを思い起こさせます。そして、若いフルトヴェングラーが父アドルフ・フルトヴェングラーによる考古学の発掘に付き添ったことをも。

しかし、私たちは1945年の『手記』から、次のような箇所を問題としたいと思います。

「外国ではまだそのことを知らなかったはるか以前に、この体制が実直なドイツ人たちのもとですでに喚起していた憎悪は、国外ではおよそ想像することもできない。」

「連帯責任というものを、いまだかつて私は理解したことがない。ユダヤ人排斥主義はナチズムと同じく不可解である。それはナチスの虚構である。しかしナチスが最初に都市住民の抹殺をはじめ、この武器をやがて他の諸国も真似て用い、ナチスに向けたように、ユダヤ人排斥主義はドイツ憎悪をもって答えられ、同じ形で報復された。すべての現実的感覚、すべてのキリスト

101

教的信条、すべての正義に反して、犯罪者めいた徒党が彼らの組織を用いたテロ、虚偽、扇動のあらゆる手段を駆使して犯した罪ゆえに、国民全体がその責任を問われたのである。」

「問題は、どうしてナチスが全世界に、最後にはドイツ国民にすら、ナチスがドイツであると見せかけることができたかである。ナチスはドイツではなく、むしろその反対物であり、せいぜい内輪で誤解されたドイツにすぎなかったのだから。」

「亡命者となった人々、あるいは誰もが亡命すべきだと考えた人々は、ヒトラーから少なくとも一つのものを奪い取った。すなわち彼がドイツ国民を代表するという資格である。彼らはナチス・ドイツからの脱出が不可欠だと考えた。しかし、まさにこの考えは正しくない。ドイツはいまだかつてナチス・ドイツであったことはなく、ナチスによって支配されたドイツであっただけだ。」

「私はナチスを実際に知り、この地スイスの大半の人たちのように外部からだけではなく、12年間にわたり身をもって体験して来たのだから、もちろん私自身の観点というものがある。たとえば、そもそも生き延びるために否応なしに党員にならざるを得なかった人々がどれほど多いかを、私は知っている。強制とテロの組織が―各個人、各民族において―現実に達成することのできたもの、達成せざるを得なかったものを知っている。しかも私は、ドイツ民族がこの恐るべき、自己の胎内より出て来た現象から、実際にはどれだけ遠ざかっていたかをも知っている。さもなければ私はドイツ国内に留まらなかったであろう。私の踏みとどまったことが、もうひとつ別のドイツが存在することについての何よりもの証拠である。(・・・)それゆえ私は、抗議もせず、やむを得ずナチスと同調し、国家に服従し、その国家から地位を与えられた芸術家たちをも、おそらく国外の人々が評価するのとは違った仕方で評価している。私自身は、幸運にも、ドイツ国内の他の人よりも率直に発言できる立場に置かれていた。」

1945年、フルトヴェングラーは恐ろしい状況にもかかわらず、一つの一般的で悲劇的な教訓を出来事から引き出しています。

「敵に精神的な武器で立ち向かうのではなく、敵を残忍な実力行使によって打ち負かすという可能性によって、ヨーロッパの生命、いな世界の生命は、関心と真の価値において無限の喪失をまねいた。ボルシェヴィズムとナチズムが現われるにいたって、中世の騎士道的な伝統は全面的かつ決定的に失われたのである。」

フルトヴェングラーの芸術的遺産の理解とその現在について、光を当てられるべき面がまだひとつ残っています。なぜなら、いつも妥当する価値こそ特に重要で必要なものだからであり、それは職業倫理です。これは芸術家としての隠された動機でした。職業倫理はその源泉を超越的なものの中に持っていますが、超越的なものとは音楽自体に不可欠のものでもあります。私たちが引用してきた覚書は、『手記』が書き始められてから1954年末までの様々な時代を包括していますが、そこには一つの不変のもの、すなわち人生を規定しそれに意味を与える、初めに言及された基本路線の一つが見出せます。このような観点において、彼の職業倫理についての考察全てを『手記』の本来の中心、心棒であるとみなすことができるかもしれません。

1935年：
「必要なのは善意ではない。もし善意で事足りるのならば、音楽学校のどの学生も作品の下僕になれよう。問題は精神的な諸前提である。能力、意志ではなくて、存在である。」

1937年：
「正確で、熟練した、華麗な演奏なら、多くの人々にできる。しかしベートーヴェン、ヴァーグナーなどの魂をして語らせるということは！　ここでは何ひとつ役立つものがない。自分がそれでないものを作り出すことは不可能であるからだ。自分の内部に一片のベートーヴェン、ヴァーグナーなどを有さず、何らかの形で「同質」でない者は、彼らを決して真の意味で解釈する

ことはできないであろう。最大の誠実さ、忠実さ、努力も、いかに熟練した能力たりとも、その埋め合わせをすることはできない。ベートーヴェンとヴァーグナーが非凡な人物であったことを疑う人がいるであろうか！　しかしわれわれの芸術家のうちに—たとえその他の面で多くの貢献を果たしていようとも—まさに非凡をきわめると言えるほどの人物が見出せるであろうか？」

1939年：
「芸術の形式にも宗教の形式にも見られることであるが、形式への信仰がなくなるや形式は成り立たなくなる。これは考察する人間の観察である。行動する人間の経験は別であり、この信仰の欠如は恣意によっては回復不可能であるとする。それゆえ考察者の経験も何ひとつ役立つものではない。」

1940年：
「芸術におけるすべての印象主義的なもの、すべての外部から来たもの、物質にのみ根ざすものなどは、時代とともに変化し、それゆえ素早く老化する。すべての内的な関連に立つもの、すべての構造的で、有機的で、みずから完結し、自己を信じ、それ自体で「ある」ものは、時代に抗して永遠に存続する。」

　そして、まず1941年、続いて1945年に書かれた次の2つの覚書は、見かけは正反対ですが実際はお互いに補完するものとなっています。

「芸術は理解ではなく、ただ体験され得るだけである。利口な頭脳の持ち主は、自己自身の体験について、あとからの理解を試みることができる。ただしそれには体験が存在したという前提が必要とされる。作品に没頭する以前、「体験」以前もしくはその間に理解を求める態度は最近しばしば見られるところであるが、これは錯誤に導くのみである。」

「偉大な芸術家を形成するものは直観的な精神とか高邁な心だけではなく、なによりもまず思想の崇高な秩序である。彼の思想の調和は、宇宙の調和を

反映するものであらねばならぬ。すべての芸術的天才は「秩序の力」である。あの「無秩序」なベートーヴェンにしても、いな彼の場合こそとりわけそうなのである。」

ついに1941年、「精神の死」と題された詳細なテキストの最後で、偉大な信仰告白がなされます。

「(・・・) それゆえ私たち今日の芸術家は、人間の精神とは、すなわちあらゆる偉大な、本当に生きた芸術作品の源泉をなし、これまでも源泉をなしてきた力とは、獲得が困難であるが、しかも絶えず新たに戦いによって獲得されねばならないということを心に銘記し、この状況にいさぎよく甘んじなければならない。現代的な思考にとって肝要なことは、世界の意味をその健全さのうちに (・・・) 求めようとするあの生物学的な世界把握の立場が、決して現実の世界に即応してはいないという事実である。正しく理解して、芸術および芸術家は、今日はやりの純実用主義的な、精神の本来の認識を忘れてしまった生物学に比して、真の健全さや力関係についての、はるかに適確で、信頼のできるイメージを表現しているように思われる。」

紳士淑女の皆さん、ヴィルヘルム・フルトヴェングラーとの出会いは、ひとつの偉大な精神との出会いです。その精神によって人は豊かに変容することになります。人間フルトヴェングラー、芸術家フルトヴェングラーは私たちに人生の指針を与えてくれます。この指針については、私たちに続く世代の人々も熟考していくに違いありません。最後に、彼が1937年に芸術作品に近づいていくためのやり方について書いたことを読んでみましょう。これはリルケの『若き詩人に与うる手紙』に似ています。

「ひとは芸術作品に没頭せねばならぬ。すなわち作品とは閉ざされた世界、他に依存しない世界なのである。この没頭は愛と呼ばれる。愛とは評価すること、つまり比較することの逆である。それは無比無類のものを観取する。開かれた世界、つまり評価する知性の世界は、すぐれた芸術作品の価値を決して正しく把握しえない。」

105

そして私たちは『手記』の世界にひとつの抜粋を付け足します。1954年の秋、死の直前に書かれた彼の最後の論文「混沌と形象」からのものです。

「芸術としての音楽は共同体を前提としている。造形芸術や文学の場合も、そうでないわけではない。しかし音楽界、とりわけ公開の場においては、この共同体が聴衆として直接的な、いわば人格化された役割を演じてきた。造形芸術家の社会においては、今日しばしば市場からの、つまり大衆相手の市場からの独立ということが礼讃され、高く評価されている。音楽に関するかぎり、そのようなことは考えられない。(・・・) それのみか、音楽が現在においても共同体を前提にしているという事実は、他のいかなるものにもまして、私たちの人間、自然、神との結びつきを失うべきではないとの警告であるように思われる。
　この共同体の意義についての自覚が、私のこの論述全体の根底をなしている。肝要なものは、つねに、あらゆる芸術の背後に立ち、芸術によって表現される人間である。芸術とは、芸術を創る人間のことである。私が現代の人間を信じる限り—もちろんそれは、広さ、深さ、熱情と認識を具えた現代人の全体を意味するわけであるが—、現代人の芸術によせる私の信頼と希望も裏切られることはないであろう。」

〔訳注：本論文における引用箇所の訳は白水社刊『フルトヴェングラーの手記』（芦津丈夫、石井不二雄訳）、『音楽ノート』（芦津丈夫訳）によった。〕

ウルリヒ・ムツ

# プフィッツナーとフルトヴェングラー[11]

　1931年11月12日に行われたプフィッツナー最後のオペラ《心》の初演は、作曲者にとって多くの点で大きな区切りを意味するものであった。また、これは特に彼のヴィルヘルム・フルトヴェングラーへの関係においても大きな区切りだった。この指揮者は、ミュンヘンでハンス・クナッパーツブッシュが指揮したのとほぼ同じ時期、ベルリン国立歌劇場でこの作品に洗礼を与えたのである。プフィッツナーは、彼の基礎をなす演奏美学に関する主著『作品と再現』[12]を公刊する以前から、音楽や演劇の作品の形姿を勝手気ままに変えてしまうことを解釈者の専横と呼び、それに対するはっきりした反対者として知られていた。彼はベルリン初演では演出を担当していたが、その初演の前にミュンヘンでの上演に臨席するために出かけていた。したがって、後になってようやく彼はベルリンの演出で変更がなされたことを知ったのである。これに対して彼は陳情書[13]を書いて強く抗議をし、ベルリンのプロダクションにおける一切の責任を放棄した。

　この事件は、《心》の台本作家ハンス・マーナー＝モンスとの決裂ばかりでなく、歌劇場の総支配人ハインツ・ティーチェンと重大な緊張を招くことになる。また、プフィッツナーのフルトヴェングラーに対する関係にも深刻な傷跡を残した。プフィッツナーはフルトヴェングラーとは、《心》初演にあたってマーナー＝モンスほどの関係を持っていなかったのだろう。この作曲家は、プロダクションの演出面とは直接の関係を持たない指揮者に罪を負わせることはできなかった。したがって、プフィッツナーは陳情書の中でこれに対する批判も全くせず、反対に国立劇場の報道告知で次のような覚書で

---

[11] この講演からの変更なしでの転載は、Tutzing の Hans Schneider 社の好意による。シンポジウム「ハンス・プフィッツナー――《心》と後期作品への移り行き」(Rudolfstadt 1993)から引用している。
[12] Pfitzner, Hans: *Werk und Wiedergabe*. Mit einem Nachwort von Walter Abendroth. Tutzing 1969. (1. Auflage Augsburg 1929)
[13] Pfitzner, Hans: *Denkschrift bei Gelegenheit meiner Spielleitung des Herz auf Einladung der General-Intendanz der Berliner Staatstheater* (als Typoskript vervielfältigt 1932) in: Schriften. IV, S. 235-259

たしなめている。すなわち、フルトヴェングラーは「ポンテオ・ピラトのように」[14]この事件の中に巻き込まれたのだ、と。他方プフィッツナーは、この指揮者にはっきりと一切の共有責任がないと述べているのでもない。そのことが、初演に関連して2人の間に緊張の時期があることを推測させるのだ。したがって、《心》の事件は2人の音楽家を決定的な決裂に至らせることはなかったが、彼らの数十年に渡る関係に新しい段階を開く。彼らの状況は以前と同じ信頼によって刻印されることはもはやなかった。

　プフィッツナーが演奏者と付き合う際、それがフルトヴェングラーのような、その創作の価値を確信して大いに尽力した演奏者であっても、怒りやすくまた自作の解釈について極度に神経質であったということを示す好例がある。

　《心》初演の4日前、フルトヴェングラーはヴァルター・リーツラーに宛てて次のように書いている。「今《心》の稽古中です。これは彼の以前の作品のような清新さも、《パレストリーナ》のような偉大さも持ちませんが、62歳のプフィッツナーによる極めて注目すべき成果です。プフィッツナー自身は14日間も同席しています。残念ながら、彼は最初から非常に興奮して演出家のように振舞うので、結局は作品にとって悪い影響を与えています。彼と私が衝突することにもなってしまったのです。ちなみに公演の間、彼はミュンヘンにいることでしょう。」[15]

　このフルトヴェングラーの所見から推測されるのは、彼とプフィッツナーの間に、《心》初演の準備に際して音楽上の見解についても相違があったということである。[16]　したがってプフィッツナーはフルトヴェングラーに、自分にもオーケストラを稽古させてほしいと請うのだ。一連の上演のうち

---

[14] Ebd., S. 257
[15] Furtwängler, Wilhelm: *Brief an walter Riezler*, 8.11.1931 (Zentralbibliothek Zürich, Handschriftabteilung)
[16] Vgl. Margarete Klose: *Dreißig Jahre Berliner Oper*, in: Das musikalische Selbstportrait von Komponisten, Dirigenten, Instrumentalisten, Sängerinnen und Sängern unserer Zeit. Hg. v. Josef Müller-Marein und Hannes Reinhardt, Hamburg 1963, S. 138-143. この有名なアルト歌手は回想する（141ページ）。「フルトヴェングラーと私は1931年に初めて共演したが、それはプフィッツナーの《心》がハインツ・ティーチェンのすばらしい演出で上演された時だった。プフィッツナー自身はいつもリハーサルに来ていた。そして、そこで起こった揉め事ときたら！　プフィッツナーはフルトヴェングラーと喧嘩し、ティーチェンと喧嘩し、3人で喧嘩になるのもしょっちゅうだった。私たち歌手は内心ではこの様子を面白がっていた。」

1夜を自ら指揮したかったからであるが、この望みはもちろんかなえられなかった。フルトヴェングラーもプフィッツナーのテンポの希望には同意しなかった。「マーラー（・・・）は全てを言わせてくれた。オーケストラを前にしていようといまいと彼には関係なかった。フルトヴェングラーはプリマドンナのように扱われねばならなかったので、既にリハーサルの間に大なり小なり不機嫌を押し殺しているのがわかった。」[17]とプフィッツナーは1931年の終りにリスベト・フーフに宛てて嘆いている。リハーサルに居合わせた作曲家がオーケストラの楽員たちの前で指揮者のテンポを修正したら、著名な指揮者は自分の権威が低くされたと感じるにちがいない。実際、テンポについてのそのような互いに隔たっている見解は、《心》の稽古中2人の音楽家の間に緊張を生じさせたと思われる。1932年2月11日にも、プフィッツナーはヨハンネス・エルテル（ヒュルストナー出版社）に、ベルリンの《心》上演の放送が計画された際それをほのめかしている。「フルトヴェングラー氏がテンポを引きずりすぎないなら、放送することがこの作品の人気を獲得するためには良いと思う。しかし残念ながら、私のかつて抱いていた危惧は多くの部分で的中するだろう。」[18] 指揮者でもあるプフィッツナーは概してむしろすっきりした流れの良いテンポをとる傾向があったので、ベルリン初演のためのリハーサルでは、フルトヴェングラーのいくつかのテンポを遅すぎ、引きずるようなものとして感じた。これはプフィッツナー作品に限らず、フルトヴェングラーの解釈に対して持ち出される批判点のひとつである。多くの音楽愛好家がフルトヴェングラーを非常に遅いテンポの指揮者であると評価しているが、もちろんそれも厳密に探求すれば益するものではあろう。しかし、ヨアヒム・マッツナー[19]が言うように、流布している録音を聴き公平に吟味するというこの型にはまった考えは、厳密な検証には耐え得ない。また、フルトヴェングラーの解釈、特に劇作品についてのそれは、クナッパーツブッシュについてよく言われるような一般にゆっくりした棒の振りよりも、有機的なアゴーギクの差異によって特徴付けられるのである。

---

[17] Pfitzner, Hans: *Brief an Lisneth Hech*, 30.12.1931, zit. n. Briefe. II. S. 51f.
[18] Pfitzner, Hans: *Brief an Johannes Oertel*, 11.2.1932, zit. n. Briefe, S. 576.
[19] Matzner, Jpachim: *Der Dirigent Wilhelm Furtwängler*, in: Furtwängler. Analyse, Dokument, Protokoll. Zürich 1986, S. 7-26. Zum Dirigenten Pfitzner vgl. die Untersuchung von Gert Fischer: Am Pult: Hans Pfitzner, in: Symposium Berlin, S. 155-174.

それがどうであっても、フルトヴェングラーのテンポに対するプフィッツナーの批判的な態度についてはいくつかエピソードが残されており、ヴァルター・アーベントロートはそこから次のような2つを伝えている。

《ハイルブロンのケートヒェン》序曲が演奏された。確かに響きとしては隅々まで磨き上げられてはいるが、プフィッツナーの耳には柔らか過ぎ、テンポは引き延ばし過ぎであった。演奏後、彼は指揮者フルトヴェングラーに次のように言って感謝した。「確かに極めて美しい作品だったが、私の作品じゃない！」

タイヤがパンクしたので、フングリンガー氏（プフィッツナーの若い運転手）はこう言った。「先生、車を牽引してもらわないといけないでしょう。」即座に返事が来た。「だがフルトヴェングラーは呼んでくれるなよ。彼はだらだら引きずるからな！」[20]

このようなエピソードがどの程度に真実であるのか定かではないが、いずれにしても、それらはこの指揮者のテンポの好みに対するプフィッツナーの疑念を適切に描いており、傾向としてこの作曲家のなした他の言明とも、《心》初演との関連においてはいくらか一致している。プフィッツナーはこの初演をめぐる文通の間に、フルトヴェングラーの秘書でマネージャーのベルタ・ガイスマールにこう書いていた。「私はフルトヴェングラー自身に最大の信頼を、とりわけ芸術的見地において持っています。彼以外の人とは共同作業をしたくありません。」[21] だから、この信頼関係は初演の後でひどく損なわれたのだ。

このベルリンでの《心》初演をめぐる議論からわかるのは、プフィッツナーが彼の創造的意図に反するような解釈上の干渉にいかに敏感に反応したかということである。それらの干渉はすなわちこの作曲家をヴィルヘルム・フルトヴェングラーから遠ざけることになった。しかし、2人の間の緊張は結局この出来事のみに起因するのではなく、年月を経るうちに徐々に発展し

---

[20] Reden, Schriften, Briefe, S.156.
[21] Pfitzner, Hans: *Brief an Berta Geißmar*, 10.7.1930, Durchschlag (Pfitzner-Nachlaß in der Musiksammlung der Österreichischen Nationalbibliothek Wien).

深くなったのである。この理由から、2人の音楽家の関係を基本的に時系列的にたどり叙述することが適切であると思われる。

確認できる最も早いプフィッツナーとフルトヴェングラーの結びつきは、その何年も前に遡る。その頃プフィッツナーはシュトラースブルクで指導的で責任ある音楽家であった。もっと早い出会いがあったかどうかはわからない。音楽著述家でフルトヴェングラーの信奉者であるカルラ・ヘッカーが、2人の最初の出会いを1906-07年に遡って推測していることが完全に的外れでないとしてもだ。[22] とにかくフルトヴェングラーの家族は、1894年に父アドルフが当地の大学に招聘されて以来ミュンヘンに住んでいた。そして、この有名な考古学者の階級と興味に沿う社交的な交流、すなわち芸術家と知識人との交流にいそしんでいたのである。この仲間の中には芸術史家で音楽研究者のヴァルター・リーツラーがいる。彼は後に定評あるベートーヴェン研究だけでなく、ハンス・プフィッツナーについて卓越した研究を残している。[23] 考古学者ルートヴィヒ・クルティウスもその仲間の一人だった。2人はアドルフ・フルトヴェングラーの弟子であり、若きヴィルヘルムの家庭教師を引き受けている。父は天分ある息子には、その特別な才能を伸ばし確実に人文的な教養を形成させるために、通常の学校の授業を受けさせなかったからである。フルトヴェングラーの音楽的な形成も学校では行われなかったが、その教育は最高水準のものだった。最も重要な音楽教師には、ヨーゼフ・ラインベルガーとその後のマックス・フォン・シリングスがいる。ピアノ修行の最後の仕上げはベルリンで、リストの弟子であるコンラート・アンゾルゲの指導の下に行われた。

1906年、最初から作曲家を目指し、生涯自分をそう感じていた20歳のフルトヴェングラーは、最初の公開演奏会を指揮する。曲目は、ベートーヴェンの《献堂式》序曲、自作の交響的楽章、そして指揮者のデビューの曲としてはまさに大胆なものと言えるブルックナーの第9交響曲であった。演奏はカイム・オーケストラで、現在のミュンヘン・フィルハーモニーの前身である。プフィッツナーは1903年にこの楽団を指揮して以来、1906年に監督を引き受けたのだろう。だからこの時期に2人が出会う可能性はないわけでは

---

[22] Höcker, Karla (Hg.): *Wilhelm Furtwängler. Dokumente – Berichte und Bilder – Aufzeichnungen.* Berlin 1968, S. 22.
[23] Riezler, Walter: *Hans Pfitzner und die deutsche Bühne.* München 1917.

なかったろうが、そのようなことはほとんど考えられない。

　これに対し十分に明らかなのは、フルトヴェングラーが1910-11年にブレスラウ、チューリヒ、ミュンヘンで練習指揮者や楽長を務めてから、シュトラースブルクでプフィッツナーのもと第3楽長として働いていることである。この時フルトヴェングラーは、自分が音楽家として働き始めたことをはっきりと意識した。なぜなら、彼は指揮の実践によって楽長としての職人芸をものにできたばかりでなく、プフィッツナーの音楽仲間に加えられることにもなったからである。他にも例えばオットー・クレンペラーは、同じようにシュトラースブルクでプフィッツナーのもと楽長を務めていた。（後に有名になった指揮者の三番手としては、ジョージ・セルもプフィッツナーのもとシュトラースブルクで働いている。）　当時、職務の関係を越えて、フルトヴェングラーのプフィッツナーとの結びつきが密接で長いものであったに違いないということには証拠がある。ミミ・プフィッツナーも若い楽長たちに、とりわけフルトヴェングラーにはほとんど母親のように接した、とエリーザベト・フルトヴェングラーは夫から聞いたと証言している。フルトヴェングラーがミミ・プフィッツナーに宛てた手紙からは、シュトラースブルクで過ごした時に築かれた内面の絆がはっきりと感じられる。そしてプフィッツナーに宛てて彼の妻ミミの死を悼む手紙で、フルトヴェングラーは彼女の母親のような心遣いに対して感謝を表している。「私はこの思いをこれまでずっと持ってきました。彼女は当時、私には親切な友人であり、しばしば母親のようでもありました。」[24]　この弔文は重要な文書として価値がある。フルトヴェングラーはその中で自分のことを、プフィッツナーを「尊敬する弟子」であると書いているからだ。これはちょっとびっくりさせるような自己評価である。フルトヴェングラーはプフィッツナーから音楽の授業は全く受けていないのだから。それだけに、この告白は彼のプフィッツナーへの関係のあり方について証しするものであり、ヴァルター・アーベントロートも、まさしく彼の大部なプフィッツナー伝で「フルトヴェングラーを広義の意味ではプフィッツナーの弟子と考えてもよかろう」[25]と述べている。シュトラースブルクでフルトヴェングラーは、プフィッツナーの最初のオペラ《愚かなハインリヒ》のピアノ版を改訂する仕事にも加わっていたようで、その出

---

[24] Furtwängler, Wilhelm: *Brief an Hans Pfitzner*, 3.6.1926 (Pfitzner-Nachlaß Wien).
[25] Abendroth, S. 185.

来映えに作曲者はとても満足していた。[26]

　2つの重要な出来事が生じたのは、ようやくこの時代だった。フルトヴェングラーは既にシュトラースブルクから、新米の演奏会指揮者としてリューベックに移っていた。1911年10月、プフィッツナーは彼のシュトラースブルクの交友サークルで《パレストリーナ》のテキストを朗読する。フルトヴェングラーもそこに居合わせていて、リューベックから12月の初めに作曲者に宛てて、当時の深い感激を書き送っている。この手紙は頻繁に引用されている。「《パレストリーナ》は私に最も喜ばしい満足を与え、考え得るあらゆる期待を最も見事に満たしてくれました。あなたの本質がこれほど美しく明瞭に包括的に表現されたことは今までありませんでした。私は思うに、あなたはパレストリーナであり、これはあなたのミサなのです。(・・・) この作品の形式に関していつも思っていたのは、あなたはヴァーグナーの唯一本当の弟子として、まさしくこの方法において、すなわち楽劇作家として発言することができるということです。(・・・) それはあなたの存在であり、これが私に他の作曲家からは得られない慰めを与えてくれるのです。あなたに一度申し上げねばならなかったのに、すみません。(・・・)《パレストリーナ》について再度お礼を申します。そもそも全く言葉にできないほど感謝しています。消えることのない尊敬をもって　あなたのヴィルヘルム・フルトヴェングラー」[27]

　この芸術家としてのプフィッツナーへの尊敬を、人間としての善し悪しの評価も超えて、実際に終生フルトヴェングラーはシュトラースブルクの師匠に対して持っていた。

　1911年10月、この指揮者はおそらくシュトラースブルクに旅行したのだろう。彼が1902年から1909年にかけて作曲したテ・デウムの演奏を準備するためだった。テ・デウムは彼の初期の最も重要な作品であるが、シュトラースブルクでは1911年12月6日、プフィッツナーの合唱作品《花々の復讐》《コロンブス》と共に、エルンスト・ミュンヒ指揮で演奏された。初演はその1年前に、シレジアの首都ブレスラウで行われている。シュトラースブルクでの演奏が成就したことについて、フルトヴェングラーはプフィッツナーに同じ手紙の中で次のように感謝している。とはいえ、彼は演奏の音楽的な

---

[26] Vgl. Pfitzner, *Brief an Max Brockhaus*, o. Dat. (vor dem 18.2.1911), in Briefe, S. 167.
[27] Furtwängler, Wilhelm: *Brief an Pfitzner*, 10.12.1911 (Pfitzner-Nachlaß Wien).

質を「とても平凡でした。もっと簡単にできたはずなのにです。」としている（プフィッツナー自身は指揮をしなかった）。フルトヴェングラーは続ける。「私にとっての本来の収穫は、実際あなたが私の作品に関心を寄せられていると感じることができたということです。たとえテ・デウムというものがラテン語のテキストで、つまりあなたがおっしゃるには今日では決して共感を呼ばない言語によっているとしてもです。」

　プフィッツナーによっておそらくフルトヴェングラーに対して表明されたこの評価は、プフィッツナー自身が宗教音楽の問題へとても自由な態度をとっていることと密接に関連している。宗教音楽について、この作曲家は文筆家として言明しているだけでなく、[28] そういうものを作曲しないということで典礼テキストに対する態度を表明していた（もちろん《パレストリーナ》第1幕は考慮しないとしても）。それだけにいっそう重みを増す事実は、彼がシュトラースブルクの音楽総監督としてフルトヴェングラーのテ・デウムを取り上げたということである。これはプフィッツナーがフルトヴェングラーの音楽を評価していたことを物語っている。この演奏に関連してプフィッツナーは、フルトヴェングラーは（少なくとも当時）指揮者よりも作曲家として良いという所見を書き添えてもいる。[29] エリーザベト・フルトヴェングラーがいずれにせよ報告しているように、フルトヴェングラーはプフィッツナーをこの時期は絶えず賞賛していた。シュトラースブルク時代にプフィッツナーが示してくれた関心に対するこの指揮者の感謝は、1911年5月2日の彼の手紙からもわかる。この手紙で彼は、自分が若い時に劇場と何の繋がりもなく、ヴァーグナーを長い間拒んでいたことを告白し、次のように述べている。「確かに今言えるのは、私にとって劇場はあなたによって前よりも全く別の新たな意義を獲得したということです。既に《哀れなハインリヒ》を知る前に私が馴染んでいたあなたの作品を全く度外視しても、それは私にはあらゆる今日のものの中で唯一現実の生命と偉大さを備えた作品なのです。以前よりもあなたをさらによく多く知った今、あなたよりも尊敬すべき

---

[28] Pfitzner, Hans: *Was ist geistliche Musik? Antwort auf eine Umfrage*, in: Schriften IV, S. 64-65.
[29] Furtwängler, Elisabeth in: Klaus Lang: „*Lieber Herr Celibidache...*" *Wilhelm Furtwängler und sein Statthalter – Ein philharmonischer Konflikt in der Berliner Nachkriegszeit*. Zürich / St. Gallen 1988, S. 121.

現代の音楽家がいないということは明らかです。」[30]

　フルトヴェングラーは演奏会監督として、リューベックでオペラを時折指揮した後、1915年にマイハイムの宮廷楽長というドイツの音楽界で伝統的に重要なポストを得る。そこでプフィッツナーのオペラを上演することによっても、フルトヴェングラーは劇音楽作曲家としての彼への感謝と尊敬を確かめたのだった。そのようなわけで、1915年から1920年にかけてマンハイムはプフィッツナー音楽の中心として発展し、《哀れなハインリヒ》(1916)、《クリスマスの妖精》(新版 1918)、そして最後に《パレストリーナ》が演出された。《パレストリーナ》のフルトヴェングラーによる指揮に、プフィッツナーは「とても満足し」、彼が指揮者フランツ・フォン・ヘッスリンに伝えたところによると、「演出と監督にはあまり満足できなった。」[31]

　1916年の夏、フルトヴェングラーはミュンヘンのパウル・コスマンの住居で、《パレストリーナ》の音楽を知ることになる。すぐに彼はプフィッツナーにこう書いた。「《パレストリーナ》を私はあなたの最も円熟し全体に最も偉大な作品であると考えています。(中略) これまで書かれた人間的に最も感動的な芸術作品の一つです。さらに言えば、ここに他ならぬあなたという芸術家がいるということが私には慰めであるということを知っていただきたいのです。」[32]

　当然、感激したフルトヴェングラーは、この作品を自ら指揮しようと思い、それは1920年にマンハイムで実現した。

　フルトヴェングラーの《パレストリーナ》に対する信仰告白は、この指揮者がプフィッツナーについて抱いていたイメージをヴォルフガング・オストホーフにしっかりと与えることになった。すなわち、《パレストリーナ》はカンタータ《ドイツ精神について》やいくつかの室内楽曲と共に、フルトヴェングラーにとっては「プフィッツナーの芸術家としてのライフワークのための核であり鍵だった。」[33]　フルトヴェングラーは確かに私的には——彼の音楽上の友人・知人関係の中で——偶然にまた公的にピアニストとして、室内楽曲の演奏に参加し、室内楽のレパートリーに習熟し、その際にプフィッ

---

[30] Furtwängler, Wilhelm: *Brief an Pfitzner*, 2.5.1911 (Pfitzner-Nachlaß Wien).
[31] Pfitzner, Hans: *Brief an Franz von Hoesslin*, 23.7.1920, zit. n. Briefe, S. 292.
[32] Furtwängler, Wilhelm: *Brief an Pfitzner*, 16.7.1916 (Pfitzner-Nachlaß Wien).
[33] Osthoff, Wolfgang: *Pfitzner in der aktuellen Musikliteratur IV. Das Pfitzner-Bild Wilhelm Furtwänglers*, in: Mitteilungen 43, 1981, S.66.

ツナーの関連作品を知ることになった。特に彼が高く買っていたのは、作品8のピアノ三重奏曲ヘ長調――「プフィッツナー最良の作品の一つ」――と作品23のピアノ五重奏曲ハ長調――「頂点」――であった。五重奏曲は全プフィッツナー作品中、音楽的に最も重要で充実したものという意味での「頂点」である。[34]

　残念なことに、プフィッツナーの望みに反して、「アイヒェンドルフ・カンタータ」(《ドイツ精神について》)のフルトヴェングラーによる世界初演は実現しなかった。プフィッツナー作品の出版者オットー・ヒュルストナーと彼のパトロンであるヴィリー・レヴィンが指揮者ゼルマー・マイロヴィッツを好んだからである。いずれにせよフルトヴェングラーは、1922年2月29日にはこの作品のヴィーン初演を、またマイロヴィッツの初演から1ヶ月後の5月1日にはベルリン初演を指揮している。彼はこのカンタータをプフィッツナーの作品中で「最も偉大なもの」[35]であるとし、ヴィーンでこれを勉強している時に作曲者に次のように告白している。「この作品を知れば知るほどすばらしいと思います。」[36]　上演を済ませると彼は確信した。「これはあらゆる点から見て、またとない見事な作品です。」[37]　友人ルートヴィヒ・クルティウスにも、フルトヴェングラーはこのカンタータについてこう報告している。「これは《パレストリーナ》に劣らず独自の感動をもたらす作品であり、この男[プフィッツナー]によって、我々の一切の苦悩、特にドイツの苦悩は自分自身への道を指し示されるのです。彼は今日、なるべき者になっているのです。」[38]

　フルトヴェングラーがこの作品をヴィーンで初演できることを楽しみに思えば思うほど、彼はこれの世界初演ができなかったことを残念に思うのだった。プフィッツナーのその後の作品においても、フルトヴェングラーがその初演をしようと骨折っても、作曲者は他の指揮者に発注してしまう。フルトヴェングラーは1922年の春以来、プフィッツナーのピアノ協奏曲の初演

---

[34] Furtwängler, Wilhelm: *Brief an Gerhard Frommel*, 1.12.1950, zit. nach Furtwängler: Briefe, s. 214.
[35] Furtwängler, Wilhelm: *Brief an Pfitzner*, 26.12.1921 (Pfitzner-Nachlaß Wien).
[36] Furtwängler, Wilhelm: *Brief an Pfitzner*, (Februar 1922, (Pfitzner-Nachlaß Wien).
[37] Furtwängler, Wilhelm: *Brief an Pfitzner*, o. Dat. (Pfitzner-Nachlaß Wien).
[38] Furtwängler, Wilhelm: *Brief an Ludwig Curtius*, 3.12.1921, (Furtwängler –Nachlaß, Le Basset-Coulon, Clarens, Schweiz), zit. n. Briefe, a.a.O., S.60.

を望んでいくつか手紙を書いたが、作曲者は彼を 1922 年 12 月 2 日の返事の中でそっけなく扱っている。そうすることでプフィッツナーは、フリッツ・ブッシュが既にドレスデンで初演することを承諾してしまったことを明かしただけでなく、フルトヴェングラーに追伸で次のような示唆を与えてもいる。「3 番目の間違いはこのご時世における、速達郵便へのあなたの切手の貼り方です。こちらが高い不足料金を払わされたのは不愉快でした。」[39] そのような郵便手続き上の叱責は、経済危機の時代であることや、またプフィッツナーのいつも心配がないとはいえない物質的状況を考えたとしても、確かに過剰反応である。しかし、これが侮辱とは言えないにしても、マイロヴィッツによるこのカンタータの初演の後で「侮辱」を受けたかもしれないフルトヴェングラーに対して、プフィッツナーが潜在的ないらだちを抱いていたということは推量されるのである。ピアノ協奏曲の初演は、1923 年 2 月 16 日にヴァルター・ギーゼキングの独奏、フリッツ・ブッシュの指揮によりドレスデンで行われた。フルトヴェングラーはまたもや 1923 年 10 月のベルリン初演をすることで満足しなければならなかった。プフィッツナーとの前から続く関係にも関わらず、フルトヴェングラーはこの協奏曲をさらにライプツィヒで演奏した後に、作曲者へ次のように簡潔に書いている。「私にとってそれはこの職業で滅多に出会うことのない大きな喜びでした。」[40] (指揮者として比類ない成功をしていたにも関わらず、フルトヴェングラーはこの職業では自分の音楽的能力は不十分にしか実現されないと感じていた。彼がオーケストラ指揮者としての「道具」を我が物にして、1922 年に彼の仕事における経歴の最高位まで登りつめた後では、指揮への彼の内的な興味は後退し、作曲へのもともとの衝動はますます強くなっていった。結局、1920 年代の彼には数え切れない指揮の仕事のために、作曲する時間はいつもほとんどなかった。この葛藤は彼の悩みを増し、彼の人生における確かな悲劇ともなったのである。)

プフィッツナーの主要な作品で、フルトヴェングラーが何度も指揮していなかったり、部分的であれ初演を手がけていないというものはほとんどない。1923 年 10 月、ベルリンではヴァイオリン協奏曲がフルトヴェングラーの指

---

[39] Pfitzner, Hans: *Brief an Furtwängler*, 2.12.1922, Durchschlag (Pfitzner-Nachlaß Wien), gekürzt abgedruckt in Briefe, S. 358f.
[40] Furtwängler, Wilhelm: *Brief an Pfitzner*, 3.11.1923 (Pfitzner-Nachlaß Wien).

揮、アルマ・モーディーの独奏で初演された。1930年11月には《冥土》が、それに先立っては1928年12月にバリトンとオーケストラのための《冥府の川》が、フリードリヒ・ショルの独唱、フルトヴェングラーの指揮で初演されている。フリードリヒ・ヘルツフェルトが調べた1940年までにフルトヴェングラーが指揮した作品リストによると、プフィッツナーの作品で演奏回数が最も多いのは、《パレストリーナ》の3つの前奏曲で、計18回。それと僅差なのが《ケートヒェン》序曲で17回。それまでには《オーラフ氏》を8回指揮している。《哀れなハインリヒ》からのディートリヒの語り、すなわちプフィッツナーが《タンホイザー》のローマ語りと対をなすべく作ったものも、フルトヴェングラーの演奏会レパートリーには欠かせない。[41]

　しかし《心》の騒動の後、プフィッツナーはフルトヴェングラーにはなるべく自作の演奏をさせないようにしていた。1932年にこの指揮者がプフィッツナーの嬰ハ短調の交響曲作品36a（弦楽四重奏曲に基づく作品）を初演しようとした時、作曲者の中では敵意が最高度に達していた。9月1日、プフィッツナーは友人のパウル・コスマンに宛ててこう書いている。フルトヴェングラーはコスマンではなく自分に初演をさせるように、などと作曲者に求めていた。「フルトヴェングラーの手紙は私には不快極まる印象を与えました。この御仁は、もう私の作品を演奏するつもりはない、とベルリンで私に言ったのを忘れてしまったのでしょうか？」[42]　プフィッツナーはフルトヴェングラーの新たな要求をはっきりと拒否し、同じ手紙で皮肉っぽく「神がかったフルトヴェングラー」、「創造すること」、ゆがめられたテンポ、「独創的なニュアンス」などについて述べ、こう続ける。「フルトヴェングラーの場合、道徳的には最も無邪気です。ここで問題なのは彼のわがままな性質なのです。たとえいくらは芸術理解のようなものを持っているとしても、報道されることや新しい記録を狂ったように求めることにまだ満足していないようで、音楽としても人間としても全く歪んでいます。（中略）彼はあらゆる演奏家の中で、最も傲慢で気の狂った恥知らずです。（中略）人生では肘鉄を、発言では背後から打撃を受けることでしょう。」　この手紙は、今引用されたものがまだ無邪気に感じられるような発言に満ちている。彼の出版者ヒュルストナーにプフィッツナーは1週間後この出来事に関連して書いて

---

[41] Vgl. Herzfeld, Friedrich: *Wilhelm Furtwängler. Weg und Wesen*. Leipzig 1941. S. 154
[42] Pfitzner, Hans: *Brief an Paul Nikolaus Cossman*, 1.9.1932, zit. n. Briefe, S. 603ff.

いる。「あなたは思い出すでしょう。私があなたの出版社に交響曲を預けるにあたってひとつ条件を出したということを。この曲の初演はとにかくフルトヴェングラー氏にはやらせないようにお願いしたいのです。（中略）あなたも知っているように、彼はベルリンで《心》を演奏した時、もう私の作品を演奏したくない、と言ったのです。恐ろしい刑罰を受けるに値します。私は彼に、そうしてくれて全く結構だと言いました。」[43] フルトヴェングラーがこの嬰ハ短調の交響曲を初演することになるのを憂慮し、プフィッツナーははっきりと言っている。「これを私は決して認めません。（中略）世界初演もどこかでの初演も。」 フルトヴェングラーは結局この作品のベルリン初演を1934年2月25日に指揮した。それは彼が同じ場所でプフィッツナーによるシューマンの合唱作品の編曲も演奏した後だった。フルトヴェングラーはこの件ではいわゆる仲介者として役目を果たしていたパウル・コスマンに、次のように説明している。「私はこの笑うべき些事に自分からは加わらないでしょうが、将来、彼の作品は時と状況が許す限り演奏するでしょう。そうなれば、私が当時ベルリンで決着をつけねばならなかったプフィッツナーの人間と芸術家の間にある問題に、全ての時代にとっての最終的な決着がもたらされることでしょう。」[44]

実際フルトヴェングラーは次の年以降、さらにいくつかのプフィッツナーの作品の世界初演か地方初演を指揮している。1935年にはハンブルクで作品42のチェロ協奏曲をガスパール・カサドの独奏で、また1939年にはベルリンで作品44の小交響曲の世界初演。同じく1939年にベルリンで作品43の小オーケストラ伴奏によるヴァイオリンとチェロの二重奏曲、そして1940年の10月には作品46のハ長調の交響曲を初演している。

その前の1932年にフルトヴェングラーは、プフィッツナーが自分に対する報道キャンペーンの背後にいると推測していた。コスマンにフルトヴェングラーが報告したのは、未熟なベルリンの評論家[45]（ハンス・ハインツ・シュトゥッケンシュミットという名前の）がフルトヴェングラーを誹謗する文

---

[43] Pfitzner, Hans: *Brief an Otto Fürstner*, ebd., S. 607ff.
[44] Furtwängler, Wilhelm: *Brief an Paul Nikolaus Cossmann*, 12.9.1932 (Pfitzner-Nachlaß Wien).
[45] Furtwängler, Wilhelm: *Brief an Paul Nikolaus Cossmann*, 12.9.1932 (Pfitzner-Nachlaß Wien).

書⁴⁶を公開し、そこで同時代の作曲家たちが彼らの作品のフルトヴェングラーによる演奏をひどいと思っているという非難をした、ということだ。シュトゥッケンシュミットによる、そもそも問題点をはっきり言わぬこの主張の背後に、フルトヴェングラーは彼を恨んでいるプフィッツナーがいるのではないかと妄想した。これについては結局フルトヴェングラーの推測以外には証拠はないのだが。プフィッツナーとの関係について、フルトヴェングラーはコスマンに「私を深く悩ませているのは、この最も偉大な現代の音楽家についてそのようなことを体験しなければならないということです」と嘆いている。この時代、プフィッツナーとフルトヴェングラーには、人間としての失望や理解の差異とは別に、互いの芸術家的な高さに対する根本的な尊敬があった。この音楽上の尊敬は、フルトヴェングラーがコスマンに宛てた1932年9月25日の手紙からも知ることができる。「《パレストリーナ》のような作品を書いた人はつまらない人ではありません。(中略)私に関して言えば、感情を交えないで申しますが、作曲家と人間とは区別しなければならないということです。つまり何が起ころうとも、私はこの作曲家の作品をこれからも演奏していくということです。」⁴⁷

この不和にもかかわらず、1930年代にはこの2人の実際の関係は再び修復されていた。フルトヴェングラーは第三帝国の時代、ベルリンでプフィッツナーが十分な退職年金を受給できるよう尽力する。1937年、2人は再び折に触れ書簡では「親愛なるプフィッツナー先生」や「親愛なる友フルトヴェングラー」という呼びかけを用いるようになる。同じ年の1937年、プフィッツナーはある個人的な集いでフルトヴェングラーの最新の作曲、ヴァイオリン・ソナタ第1番ニ短調を聴く機会があったが、ヴァルター・アーベントロートへの手紙でこの「59分かかる怪物」⁴⁸について比較的好意的に書いている。「印象はかなり好意的なものだ。力強い意欲ととても自由な形成——なかなか感動的（そう私は思った）だが——どこに霊感があるのか——だがそんなものはそもそも世界から消え失せていると私は思う——私は（この集いを代表して）フルトヴェングラー（見事にピアノを弾いた）をねぎらった——

---

[46] Stuckenschmidt, Hans Heinz: *Furtwängler äußert sich*, in: Melos 11, 1932, Heft 5/6, S. 196-201.
[47] Furtwängler, Wilhelm: *Brief an Paul Nikolaus Cossmann*, 25.9.1932 (Pfitzner-Nachlaß Wien).
[48] Pfitzner, Hans: *Brief an Walter Abendroth*, 15.3.1937, zit. n. Briefe, S. 761.

今晩もこのソナタを2度目に聴くことになる場所で彼と会うだろう。」
1938年フルトヴェングラーは、ヴィルヘルム・マテスによるベルリン・ハンス・プフィッツナー協会の設立に際してこの団体の名誉会長となり、設立式典ではプフィッツナーと共にベルリン・フィルを指揮した。

　1940年9月、再び論争が起こった。今度はプフィッツナーの側からであり、フルトヴェングラーとは決定的な決裂となった。客観的に回顧するならば、この時は2番目か3番目かのどちらかであることが重要だった。つまりフルトヴェングラーはプフィッツナーの交響曲作品46のヴィーン初演をする際、この作品を演奏会の最初に持ってきたのである。このことをプフィッツナーは、それなりの理由からとても不愉快に感じたのだった。この演奏会のプログラムでは、プフィッツナーの交響曲に続いて《死と変容》が置かれていた。これはプフィッツナーが最大のライバルと見なしていた同業者リヒャルト・シュトラウスの作品で、当時は既に数十年にわたって知られ、人気があり頻繁に演奏されていた。このフルトヴェングラーによって決められた演奏順序が、プフィッツナーのはらわたを煮えくり返らせてしまったことになる。彼の新しい交響曲が「クローク行進曲」[49]、つまり前座の軽い位置へ降格されたことについて、作曲家はフルトヴェングラーへ宛てた1940年9月24日の手紙で苦情を述べたが、指揮者はこの手紙への1940年10月17日に書かれた返事の中では、いかなる遺憾の意も表明していない。直ちにこの手紙への返事をプフィッツナーは10月19日に書いている。「もしあなたがこの具体的で友情のこもった手紙に侮辱的な返事をするなら、あなたとの人間としての付き合いは残念ながらやめざるをえなくなると思います。指揮者フルトヴェングラーにさらに一言するならば、あなたの指揮する私の交響曲をラジオで聴き、その解釈に、とりわけ最終楽章のそれにとても感銘を受けました。」
[50]　「ハイル・ヒトラー」というあいさつと「尊敬する枢密顧問官殿」という書き出しで始まるこの手紙が内容も形式も侮辱的であるのは、2人の音楽家が、自分たちが国家社会主義者ではないということを互いに知っていたからであろう。加えて、プロイセン枢密顧問官はフルトヴェングラーには特に愛着のない官職であり、1934年のヒンデミット事件の後は形式的な理由から辞任できなかった唯一のものだった。

[49] Pfitzner, Hans: *Brief an Furtwängler*, 24.9.1940, ebd., S. 865.
[50] Pfitzner, Hans: *Brief an Furtwängler*, 19.10.1940 (Pfitzner-Nachlaß Wien).

プフィッツナーはフルトヴェングラーのヴィーンでのプログラミングに対する抗議から、1940年10月13日のベルリン初演へは来なかった。そして、作曲家の反応には無関係に起こったように見え、そのもっと深い理由はさらに過去にあるかもしれないこの論争は、プフィッツナーの中に明らかにとても深い痕跡を残した。彼は1945年1月にヴァルター・アーベントロートへ書き送っている。プフィッツナーの75歳の誕生日に出版された記念論文集[51]において、アーベントロートがフルトヴェングラーの寄稿がないのを残念がったことに対してである。「この虚しい無作法者は（中略）私にはいないも同然なのです。」[52] 他方、フルトヴェングラーは1940年以降も保留なくプフィッツナーの芸術に肩入れを続けた。1948年にはこの作曲家にエッセイ[53]を一つ献呈している。また、彼の死後まもなくである1949年のヴァーグナーの誕生日には、ベルリン・フィルとのドイツ演奏旅行のほとんどのプログラムを変更し、亡くなった作曲者を追悼して《パレストリーナ》から3つの前奏曲を指揮している。同じ事情から、1949年8月にはザルツブルクでヴィーン・フィルとプフィッツナーの交響曲ハ長調を演奏した。これはフルトヴェングラーが最後に指揮したプフィッツナー作品となる。フルトヴェングラーにまだ残されていた生涯の5年間も、プフィッツナーの作品から疎遠になってしまったと推論することはできない。なぜなら、この指揮者はまだプフィッツナーの死の年にも《パレストリーナ》をブエノス・アイレスで、また1951/1952年のシーズンにはミラノのスカラ座で上演するのを提案していたからである。これらの上演はどちらも当地での初演になるはずだった。しかし、フルトヴェングラーの提案は2つの歌劇場の運営側からの賛同が得られなかった、とプフィッツナーからもフルトヴェングラーからも評価されていた演出家オットー・エアハルトが回想している。[54]

　フルトヴェングラーとプフィッツナーの関係は、《心》をめぐる事件以来、何よりも人間的な、あまりにも人間的なものによって、また確かにルサンチ

---

[51] Abendroth, Walter (Hg.): *Hans Pfitzner. Ein Bild in Widmungen.* Leipzig 1944.
[52] Pfitzner, Hans: *Brief an Walter Abendroth*, 23.1.1945, zit. n. Briefe, S. 945f.
[53] Furtwängler, Wilhelm: *Zu den Werken Hans Pfitzners*, in: Vermächtnis. Nachgelassene Schriften. Iesbaden 1975. S. 118-122
[54] Vgl. Erhardt, Otto: *Wilhelm Furtwängler als Operndirigent*, in: *Wilhelm Furtwängler im Urteil seiner Zeit.* Hg. v. Martin Hürlimann und Elisabeth Furtwängler. Zürich/Freiburg im breisgau 1955. S. 250

マン的なものによっても覆われていた。しかし、最後には羨望コンプレックスでなくまず音楽的なことから、期待と連帯が生まれている。プフィッツナーは演奏者が彼の作品を、作品に忠実に再現をしてくれるかどうかという――いつも理不尽とは限らない――心配をしていた。一方、フルトヴェングラーには彼の中に創造する、そして再創造する音楽家としての自意識が確かにあった。まさに彼自身が創造的なものの秘跡を信じていたから、他の作曲家の多くの作品をその精神から再創造することができたのだ。創造のわざを現実化することから生まれる、作品のこの新しい活性化は、演奏家フルトヴェングラーの特に大きな魅力となっている。創造する音楽家プフィッツナーの立脚点、そして作品の再創造者として彼に向かい合う演奏家フルトヴェングラーの立脚点は、一度互いにぶつかり合うだろう。もし、プフィッツナーが抱く、作品と再現に表され基礎づけられた、つまり作品に忠実な要求を、フルトヴェングラーが抱く、創造の経過を演奏の中で意味深く実現しようとする指揮の意図に対置するならば、この２つが衝突することは本質的にも理論的にも自明だ。それにもかかわらず、彼らの音楽観の間には人がいつも想像するよりも多くの共通項がある。２人がそれぞれ書いて公刊されている遺稿集や手紙、とりわけ著作からそれを知ることができる。ヴォルフガング・オストホーフは、フルトヴェングラーの公刊されているテキストを、それらが表しているプフィッツナー像に関して徹底的に分析した。[55] その結果、本質的な差異点と共通点を見出すことができた。例えばフルトヴェングラーは、理論的な著述家プフィッツナーに対しては疑念を抱いており、特にその再創造の美学に対してはそうだった。結局、フルトヴェングラーも放縦な主観主義や傍若無人な解釈意志の代表者ではなかった。むしろ、彼は総譜に自明なものとして書かれていることの再現を前提としていた。これはトスカニーニの楽譜に忠実な再現という概念に関する考察などからわかることである。[56] 他方、フルトヴェングラーにはプフィッツナーの作品と再現における実践は、それが音楽の演奏に関する限り、充分に深く考えられたものとは思えなかっ

---

[55] Osthoff, Wolfgang: *Pfitzner in der aktuellen Musikliteratur IV. Das Pfitzner-Bild Wilhelm Furtwänglers,* a.a.O.
[56] Vgl. Furtwängler, Wilhelm: *Aufzeichnungen 1924-1954.* Hg. v. Elisabeth Furtwängler und Günter Birkner, Wiesbaden 1980, S. 67-85 (Aufzeichnungen 1930; hier gekürzt übernommen aus Furtwänglers Taschenkalender 1930, Furtwängler-Nachlaß in der Musikabteilung der Zentralbibliothek Zürich).

た。トスカニーニが要求するような楽譜に忠実な再現では、フルトヴェングラーは満足できなかった。それだけでは、作品の精神からの模倣をするための基礎となるにすぎない。

　フルトヴェングラーは作曲家としての後期である1930年以降、絶対音楽を依然として作曲し、パウル・ベッカーやアルノルト・シェリングによる内容美学的な熟考をプフィッツナーが拒否し、精神は物質や技術に優越すると考えていたことに同調していた。プフィッツナーの音楽が持つ誠実さと真実味、簡潔な表現を求める労苦は、同じ時代においては、すなわち音楽のマンモス主義とますます複雑になる作曲技法が音楽の自然な源泉からどんどん遠ざかっていた時代においては、美学上だけでなく倫理上でも特別な地位を占める、とフルトヴェングラーには思われたのだ。加えて、物質主義に対する作曲家プフィッツナーの精神的な態度は、フルトヴェングラーには真のドイツ的な態度であると思われた。したがって、ベルンハルト・アダミーが、フルトヴェングラーとプフィッツナーには共にドイツ人の連帯責任と原罪の拒否が見られると指摘しているのは正しい。[57]　それはドイツ民族の「プラトン的イデア」[58]には適合しないものであったことだろう。

　もしフルトヴェングラーがプフィッツナーを、その音楽的なイメージにおいて、ヴァーグナーとブラームスの世代——創造的にはまだ力強い——に属させる時、プフィッツナーはこの時代には最も偉大な音楽家だとフルトヴェングラーには思われたのだ。フルトヴェングラーの未亡人エリーザベトが断言しているように、プフィッツナーは20世紀の音楽における異例のランクであるリヒャルト・シュトラウスからは独立しつつ、フルトヴェングラー自身の音楽観に近かった。フルトヴェングラーはマリ・プフィッツナーに宛てた悔やみ状では「近年のプフィッツナーと私の個人的な関係には影が差していましたが、彼は最も偉大なドイツの音楽家でした。」[59]と本音をもらしている。これは「死者についてはよいこと以外は語るな（de mortius nil nisi bene）」というモットーによる、ただのお世辞であるとは思えない。1950年マックス・ブロックハウスに宛ててフルトヴェングラーは、「プフィッツナ

---

[57] Adamy, Bernhard: *Dreimal Furtwängler*. Über Neuerscheinungen zum Jubiläumsjahr, in: Richard Wagner Blätter 10, 1986, Heft 3, S. 134.
[58] Pfitzner, Hans: *Brief an Bruno Walter*, 5.10.1946, zit. n. Briefe, S. 1020-1023.
[59] Furtwängler, Wilhelm: *Brief an Mali Pfitzner*, 9.6.1949 (Pfitzner-Nachlaß Wien).

ーは音楽的にだけ見れば最高というわけではないにしても、現代においては最も高貴であり、人間として最も重要な作曲家であると思います。」[60]と書いている。そしてプフィッツナーが亡くなる2年前の1947年、フルトヴェングラーはヘルムート・グローエに宛てた手紙でこのような確信を表明していたのである。「確かにドイツ文化に関して見れば、それについて誰も話したがらないというのは限りなく悲劇的ですが、プフィッツナーと彼の芸術はいずれ正当に評価される日が来ることでしょう。」[61]

---

[60] Furtwängler, Wilhelm: *Brief an Max Brockhaus*, 11.4.1950, zit. n. Furtwängler: Briefe, S. 208.
[61] Furtwängler, Wilhelm: *Brief an Helmut Grohe*, 12.2.1947, ebd., S. 155

# シンポジウムでの討論

**ヨアヒム・マッツナー** テーリヒェンさん、私たちはたった今しがたレコード録音について話しました。あなたはフルトヴェングラーとレコード録音し、その時の様子をご存知です。私が知っているのは、例えばシューマンの交響曲第4番やハイドンの交響曲第88番の録音の際は、いつも非常に大きなまとまりが——それが楽章全体ではなかったとしても——通して演奏されたということです。個々の箇所を稽古してほしいと言われると、フルトヴェングラーは大変に嫌がったらしいのです。

**ヴェルナー・テーリヒェン** 必ず嫌がったというわけではないです。でも、彼は作品をいつもそれにふさわしく作り上げていたのです。先行するものから、それに続くものが発展する。これによって、中断できない大変に強い連関が生まれます。カラヤンにおいては事情は変わります。彼はテンポに関していつもストップウォッチを持っていたので、後で録音を正確に編集することができました。しかしフルトヴェングラーはこのような仕事のやり方はできませんでしたし、たとえしても満足できなかったでしょう。彼には演奏会を録音するほうが、はるかに好都合だったのです。いつも作品の発展も否応なく首尾一貫して体験していたからです。それを途中で妨げるのは不可能だったでしょう。

**ヨアヒム・マッツナー** 依然としてフルトヴェングラーは、私たちがライブ録音の価値をいよいよ理解している今日、大いに賞賛されているようです。何よりも思い出されるのはバーンスタインで、彼はその晩年にライブ録音しかしませんでした。録音のこのやり方がフルトヴェングラーの気質にはとても合っていたようです。

　さて、私の第2の質問はベルリン・フィルの響きについてです。あなたはフルトヴェングラーからカラヤンを経てアバドへ至る、このオーケストラの響きの変化をどう思われますか？

**ヴェルナー・テーリヒェン**　響きのことを考えると思い出すのは、ある評論家が我々の演奏を「あたかも穀物畑を柔らかい風が吹く抜けていくようだ」と評したことです。そのように楽員は弾きながら動いていたのかもしれないし、そのように動かされていたのかもしれない。しかし私たちの演奏はまさしく内面のインスピレーションによるものでした。この響きと信じられないほどの集中力は、フルトヴェングラーの死後も数十年は存在していたのです。

　カラヤンはこのオーケストラが既に固有の響きを持っているということをすばやく見てとったのです。彼は眼を閉じて指揮をし、それが当たり前であるかのようになっていました。しかし私たちのオーケストラの響きは保たれました。今に至るまで存在するこの強い集中力も次第に弱まっているということは思います。それの発起人も既に今ではいないのです。技術的に見ればもちろんずっと優れている若い楽員たちは、この点に関して古い楽員たちを一笑に付してしまいがちでした。しかし、私たちが以前は体験し表現できたことは、本質的には今よりもずっと多くの集中力と強さを持っていたのです。

　アバドは幸運なことに、このオーケストラをその響きと共に継承しました。彼が新しいものを付け加えたかどうかはわかりません。彼の演奏や録音が示しているのは、新しい世界は何も生じていないということです。ですから、オーケストラの発足以来フルトヴェングラーまでずっと発展させられてきたこの高みを維持するというのは、今ではほとんど不可能であると私には思えるのです。

**ヨアヒム・マッツナー**　私がまだ確かめたいと思っているのは、2人の指揮者のもとでオーケストラの響きは変わったのかどうかということです。さらに低い声部を用いるところに特徴があり信じられないくらい豊かなこの響きは、カラヤンが指揮する時にも保たれていました。彼がこの響きを全く別の指揮技術によって保持できたということは、高く評価されるべきです。

　私の印象は、アバドにおける響きはもはや下からではなく上から構築され、それが故に明るくなったということです。チェロとバスは基盤を形成するのではなく、響きの中心にはめ込まれます。ベルリン・フィルはこれによって、

昔からベルリンほどには豊かな響きを持たないヴィーン・フィルのような響きを出すことになりました。

**ヴェルナー・テーリヒェン**　ベルリン・フィルは基本的に5弦コントラバスを使っていました。これはフルトヴェングラーが愛し必要としたこの崇高な感動と熱中を下から支えるためのものでした。しばしばコントラバスのパート譜はこの響きの感動を得るために音を低くさせられていました。

　今日、私が抱く印象は、世界中のオーケストラはますます似通ってきているということです。これの理由の一つには録音技術との関連が確かにあり、もう一つの理由はオーケストラにおいて増大する国際化です。私には外国人に反対するものは何もありませんが、オーケストラの本来の姿がますます後退してしまったことは見過ごされるべきではありません。オーケストラの響きがいよいよ似通ってくれば、もはや演奏旅行が全く行われなくなる日が来るかもしれません。おそらく私たちはさらにグローバル化したこの世では、極めて強い個性を持つ出来事はもはや生じないと諦めなければならないのでしょう。

　フルトヴェングラーにおいては特別な天分は、彼の教養にあったのではなく、彼の本質と謙虚にありました。この天分、すなわち響き自体を全き謙虚のうちに発展させるという天分は、常に人間とも関連しています。今日、この重要性は顧みられなくなってしまいました。

**ヨアヒム・マッツナー**　私はフルトヴェングラーとカラヤンを、リハーサルと演奏会で聴きましたが、興味を持つのは、あなたがオーケストラの楽員として2人の指揮者のリハーサルのやり方のどんなところに違いがあると考えているのかということです。2人は確かに高度な稽古をしたと思いますが、非常に違っていたのではないですか。

**ヴェルナー・テーリヒェン**　フルトヴェングラーにおける技術について話すのには抵抗があります。確かに何をするにも技術は必要です。しかしオーケストラというものを前にして、フルトヴェングラーがしたように心を開くためには、技術以上のものが必要でした。カラヤンはこうしたやり方で心を開

くことは決してなく、権力を行使するためなら手段を選びませんでした。彼は音楽的に効果があるなら、すすんで別の態度を取りました。もし技術を効果的なリハーサルの使い方とか計画性という意味で見るならば、カラヤンの方が本質的に賢かった。フルトヴェングラーは要領よくリハーサルをすることができませんでした。しばしば彼は、プログラムの最初の作品のためにもともと用意された２、３回のリハーサルを全て使ってしまい、他の作品のリハーサルは全くできなかったのです。

**ヨアヒム・マッツナー**　学生時代、私はフルトヴェングラーによるリハーサルをティタニア・パラストで体験し、この時のことはまだ生き生きと思い出します。私が最も感銘を受けたのは、フルトヴェングラーがブルックナーの第５交響曲のリハーサルでプロイセン訛りのある素っ気ない声で全く具体的に音楽的に有用な指示を与え、それによって響きを変えたことです。手仕事的な領域でもフルトヴェングラーは、自分が欲していることを常に正確に知っており、それを表現することができたのです。カラヤンもこの手仕事を現象としてはマスターしていて、まさに指揮者講習会ではすばらしくやってみせることができました。しかし、それでも２人の身体言語は大きく違っていました。これに関連して、私はBBCが制作した番組『指揮の芸術(The Art of Conducting)』を見ていただくようお願いしたい。ここには有名な指揮者たちの歴史的記録がたくさん収められており、デッカからはビデオとなって発売されています。フルトヴェングラーはブラームスの第４交響曲で驚くほど有機的な身体言語を見せています。カラヤンはベートーヴェンの第５交響曲です。目を閉じてする指揮は、楽員にとって特に困った問題です。しかし、このビデオではポーズとしてではなく、自らを表現しその際に法外な強さを解き放つための完全に違う技術として見えます。だから、この２つは決して対立させるべきではないのです。

**エリーザベト・フルトヴェングラー**　カラヤンはフルトヴェングラーをとても評価していたのよ。ある出来事を思い出すけれど、カラヤンはリハーサルでオーケストラに「それはフルトヴェングラーなら気に入らなかっただろう」と言った。フルトヴェングラーの遺産は彼にはとてつもなく大きなプレ

ッシャーだったのね。

**参加者** あるフルトヴェングラーの伝記で、彼はオーケストラの前ではとても分析的だったと書いてありました。結局、私の印象は、そしてここで行われた講演もそれを裏付けているのですが、つまりヘルベルト・フォン・カラヤンは独特のオーケストラ分析家であったということです。

**ヨアヒム・マッツナー** それは意識の問題です。カラヤンはずっと意識的な教育者的な技術者でした。一方、フルトヴェングラーは全く別の仕草のレパートリーによって、ほとんど同じように望まれた響きを実現したのです。ここに違いがあると私は思います。さらに加えて、カラヤンはどんな技術的革新にも大きな関心を示す技術万能主義者であり、メディアをも的確に利用することを知っていました。これに関連して思い出されるのは、1963年に新しいフィルハーモニーがオープンした際とても幻滅した後で、彼が理想の空間音響的なイメージを実現するために音響学者たちと議論をしたことです。

**ヴェルナー・テーリヒェン** フルトヴェングラーも一日中コンサートマスターと、ボーイングについて考えるために議論をしていました。しかし、彼にはこの経験を彼自身の作曲に反映させるための時間もありました。彼はある箇所で「だんだんと加速しない」と書いています。これはどういう意味か？もっと速くでももっと遅くでもないということです。彼はこれを確定したかったのではなく、音楽の内部からの自発的な発展に任せていました。道理にかなう言葉を用いなかったのに、皆は理解できたのです。フルトヴェングラーがアインザッツを与えてすぐに音が出ない時も、彼は求める響きをオーケストラが出すまで待ったのです。客演指揮者たちはいつもこのことに大いに戸惑いました。多くの指揮者が私のもとに来て言ったのは、この極端に遅れた音の出し方では問題がたくさん生じ、「船酔い」してしまうということでした。カラヤンはこのような演奏を言葉の上では尊重していました。しかし、リハーサルで彼は私たちに正確さを求め、オーケストラが指揮に正確に音を出すよう厳しく指導しました。彼はオーケストラが助言をしたとしても真には受けなかったのです。

**ヨアヒム・マッツナー**　私が常に抱いてきた感覚は、フルトヴェングラーは彼の技術とこの異常な仕草によって、炸裂へと至るとてつもない緊張を生み出したということです。思い出されるのは、ヘンデルの合奏協奏曲作品 6-10 の冒頭のニ短調の和音です。ここでは、弦楽器が数秒の間隙をおいて弾いており、これによりこの冒頭はとてつもない可塑性を得るのです。これは貧弱どころか最も豊かな音楽性を示しています。

**ヴェルナー・テーリヒェン**　そうですね。でも、これは意識されずに生じたのです！　彼は意図的に遅らせたりはしなかったでしょうし、トスカニーニが生みだしたような緊張を生もうとしても、とてもあいまいなものなってしまったでしょう。フルトヴェングラーはこれしかできませんでしたし、それが私たちには誠実さとなって伝わったのです。もし、彼が特別な挑発がしたくて私たちをそそのかしたとしても、長く彼と協演している私たちはもちろんそれを見抜き、彼に対して腹を立てたかもしれない。でも、そんなことはありませんでした。彼は自分の内心にそむくようなことはできませんでした。

**参加者**　相変わらずヴィルヘルム・フルトヴェングラーの作品は実際には認知されていません。確かに雑誌で作品が出版されていることは知ったのですが、思いますにこの全集は値段が高すぎて学生には手が届きません。非常に残念です。

**ジョージ・アレキサンダー・アルブレヒト**　第 2 交響曲は 1953 年に出版されています。

**エリーザベト・フルトヴェングラー**　他のいくつかの作品も出版されているわ。

**参加者**　今日でも多くの著名な指揮者たちがフルトヴェングラーを尊敬しています。彼らにフルトヴェングラーの作品を演奏してもらうという可能性はないのでしょうか？　フルトヴェングラーがこんなに尊敬されているのに、彼の作品はほとんど演奏されないというのは、理解に苦しみます。

**エリーザベト・フルトヴェングラー**　それは私も残念に思うわ。でもそれにはいろいろな理由がある。第1に作品が長すぎるということ、第2にオーケストラにとって技術的にとてつもなく難しいということね。情熱のある人だけが彼の作品に打ち込めるのよ。とにかく思うのは、彼の作品は一刻も早く印刷されるべきね。

　注目すべきなのは、日本人はフルトヴェングラーに関連する全ての物を尊敬し、非常な興味を抱いているということね。日本ではほとんど全ての文献が刊行されているのよ。外部の人にはあまり関心を持たれないはずの手紙までもがよ。日本人がフルトヴェングラーの人生と活動に関心を抱いているということに私は感動するの。こういうことをドイツ人はまだ全然知らないのよ。

[付録]
ジャン=ジャック・ラパン

## ヴィルヘルム・フルトヴェングラーと
## エルネスト・アンセルメ

## 二人の意見の一致について[62]


1. 略歴

| エルネスト・アンセルメ[63] | ヴィルヘルム・フルトヴェングラー[64] |
|---|---|
| 1883年11月11日、測量士の父のもとヴェヴェイに生まれる。 | 1886年1月25日、考古学者教授の父のもとベルリンに生まれる。 |
| 自然科学を学ぶが、音楽にも大きな関心を抱く。 | 古典学と音楽を学ぶ。早くから音楽の才能を示す。 |
| 1903年 ローザンヌ大学で数学の学位を得る。 | 1898年 最初の音楽的な作曲、室内楽曲。 |
| 1904-1911年 ローザンヌで数学教師。 | 1905年 ブレスラウでコレペティトール。 |
| 1905年 パリに滞在。(音楽院とソルボンヌ) | 1906年 ミュンヘンで最初の演奏会。チューリヒでコレペティトール。 |
| 1909-1910年 ミュンヘンとベルリンに滞在。 | 1908年 ミュンヘンでコレペティトール。 |
|  | 1909年 フェリックス・モットルのもとで指揮を学ぶ。 |
| 1911年 ローザンヌで最初の演奏会。 | 1910年 ブレスラウで「テ・デウム」の初演。シュトラースブルクで楽長。 |
| 1912-1914年 モントルーの湯治場オーケストラ指揮者。 | 1911年 リューベックで楽長。 |

[62] 仏語から独語への翻訳：ローザンヌ大学
[63] Demierre, O.: *Données bio-biolographiques*, Genf 1982 を参照。
[64] Birkner, Günter in: *Aufzeichnungen*, S. 345-346, Wiesbaden 1980 を参照。

| | |
|---|---|
| 1913年　クララン＝モントルーでラヴェルと出会う。 | 1915-1920年　マンハイムで歌劇場監督。 |
| 1915-1923年　ディアギレフのロシア・バレエ団のオーケストラ指揮者（12作品の世界初演をする）。 | 1917年　ベルリン・フィルと最初の演奏会。 |
| 1916年　ロシア・バレエ団の合衆国公演（105日に18都市で105公演をする）。 | 1919-1924年　ヴィーン・トンキュンストラー管弦楽団の指揮者。 |
| 1918年　ストラヴィンスキーの《兵士の物語》を初演。 | 1920-1922年　ベルリン国立歌劇場の演奏会指揮者。 |
| 1918-1968年　スイス・ロマンド管弦楽団を創立し指導する。このオーケストラは50年間で1282作品を演奏したが、その中で534作品は現代作品であり、455作品はエルネスト・アンセルメが指揮した。 | 1921年　ヴィーン楽友協会の演奏会監督。<br>1922-28年　ニキシュの後継者としてライプツィヒ・ゲヴァントハウスとベルリン・フィルの演奏会の指揮者。<br>1922年　シェーンベルクの「オーケストラのための5つの小品」作品16の初演。 |
| 1922年　ベルリン・フィルハーモニーで《春の祭典》のドイツ初演を指揮。 | 1925-1926年　合衆国でニューヨーク・フィルと演奏会。 |
| 1930年　パリとメキシコの交響楽団設立に参与する。 | 1928年　ベルリン市の音楽総監督。シェーンベルクの「オーケストラのための変奏曲」作品31を初演。 |
| 1937年　ルツェルン音楽祭の創設に参加。 | 1931年　バイロイト音楽祭の音楽監督。 |
| 1938年　ブダペストでバルトークの「2つのピアノと打楽器のためのソナタ」を初演。 | 1933年　ベルリン国立歌劇場の監督、帝国音楽院とプロイセン枢密顧問官となる。 |
| 1938-1945年　非常に多くの世界初演もしくは地方初演を行う。 | 1934年　全ての公職から退く。 |
| 1945年　著作『人間の意識における音楽の基礎』の執筆を始める。 | 1935年　公的な音楽活動を続ける。<br>1944年　アンセルメから、スイス・ロマンド管弦楽団を指揮するため招かれる。 |

| | |
|---|---|
| 1946年以降　各国への演奏旅行と旺盛な録音活動。 | 1945年　クララン（スイス）に移住する。 |
| 1946年　ブリテンのオペラ《ルクリーシャの凌辱》が初演される。 | 1945-1947年　非ナチ化のために労苦する。 |
| 1956年　マルタンの歌劇《嵐》の初演。ヴィーン国立歌劇場。 | 1947年　戦後ベルリンで初めて演奏会を指揮。以降、他にもヴィーン・フィル、ロンドン・フィル、ヴィーン国立歌劇場やスカラ座のオーケストラを指揮する。 |
| 1961年　『人間の意識における音楽の基礎』を刊行。 | |
| 1968年12月　最後の演奏会 | 1954年9月　最後の演奏会 |
| 1969年2月20日　ジュネーヴで死去。 | 1954年11月30日　バーデン＝バーデンで死去。 |

## アンセルメがフルトヴェングラーへ宛てた 1945 年 4 月 11 日の手紙[65]

1945 年 4 月 11 日　ジュネーヴ

敬愛する同僚そして友に、

　あなたの本はとても刺激的で、私はこれをつきせぬ興味と大きな喜びをもって一気に読みました。

　それは私を駆り立てていた同じ思い煩いに対する答えを与えてくれ、私が書こうとしている本の最終章のようです。

　ドイツ人として、あなたは今や一つの土台の上に立っておられます。そこで人は人間の表現としての音楽、精神的生活の表現としての音楽について語ることができるのです。しかし、それは私の事情にとっては既に疑わしくなっています。フランス人が音楽を「感情の表現」であると言う時、既に彼はこれを感情の「表現」として聞いているのです。そして、ストラヴィンスキーは音楽が何も表現することはできないと主張しています。音楽は事柄自体に過ぎず、時間性を具体化するための手段である、と。これはもちろん笑うべきことで説明不足ですが、ストラヴィンスキーは若い世代からは崇められています。そのような潮流に対して私がまずはっきりさせねばならないのは、なぜそしていかに音楽は人間の表現としてのみ意味を持つのか、ということです。そして、全く当然ではありますが、それは簡単なことではありません。それについて首尾一貫した解明こそ、あなたがとても詳細に、本質的に説得力を持って展開なさっていることなのでしょう。

　今、確かなのは、あなたの御本はすばらしい贈り物であり、それを私は心の底から喜んでいるということです。

　もしあなたがマルティヌーの交響曲をお聴きになられたいのでしたら、明日、水曜日の晩 9 時頃にラジオで放送があります。

　昨日のことについて感謝申し上げ、心からのご挨拶をもって、

あなたの E. アンセルメ

---

[65] 『音楽を語る』を読んだ後で（エリーザベト・フルトヴェングラー所蔵）

2.　運命共同体

　2人は最も偉大な2つの世界であるラテンとドイツから生まれた。見かけは違った様式を持ちつつも、音楽の真の源泉を求める共通の感情によって結ばれていた。彼らに対する人々の関心が今だに衰えないのも、その真実性を裏づけている。

　音楽に捧げ尽くした2人の存在は、最初から国際的な重要性を獲得し、同時に音楽と人間の関係への同じ問いを迫られたが、たとえ全く同じではなくても、驚く程似た答えをしている。

　2人の指揮者は、紛争の最中や彼らの経歴が頂点に達していた時でも、指揮棒を置いて熟考する時間を持った。2人は彼らの基本的な確信を正当化したいと感じ、自ら考察を記録し刊行した。それはなかなか普通できることではない！

　さらにこれらの共通点に、彼らがその晩年では地理的にもジュネーヴ（レマン）湖畔でお互いに近い所にいた（フルトヴェングラーはこの地方を1923年に滞在して以来知っていた）ということを付け加えてみると、2人が対話することになってもそれは当然であった。

　しかし、この2人による運命共同体は、その時代の歴史的状況からさらに強く納得できる。現代音楽のために尽力しそれらを演奏した2人は、20世紀に何人かの音楽の弁護人が取った道に憂慮を覚えたのだった。この道は行き止まりであり、音楽の本質そのものに反したものであることが、2人にははっきりと感じられてきたのだ。この時点から2人は、人間そして音楽家として、自分たちの考えを説明し基礎づけるという責任を担ったのである。

　2人はお互いを知っていただけでなく尊敬し合ってもいた。西スイスにとっての栄誉だったのは、エルネスト・アンセルメが1944年初めにヴィルヘルム・フルトヴェングラーを初めてスイスでの演奏会へ招いたことだ。この時、フルトヴェングラーはナチス政権から逃れることを強いられていた。アンセルメはフルトヴェングラーを既に1922年以来知っていた。この年、アンセルメはベルリンのフィルハーモニーで《春の祭典》のドイツ初演を指揮したのである。彼はこのドイツ人指揮者の著作を読んでいた。フルトヴェングラーはこれに対して、アンセルメの主著である『人間の意識における音楽

の基礎』を知らなかった。なぜなら、それはフルトヴェングラーの死後かなり経った 1961 年にようやく出版されたからである。それにもかかわらず、私たちはこの 2 人の出会いを、時間、空間、そして彼らの精神において一致したものと見ることができる。

　私たちはこれから、彼らの共通性が特に顕著ないくつかの音楽の根本問題について考えたい。


３．　文筆活動

　アンセルメにとってもフルトヴェングラーにとっても、解釈の仕事は指揮台にいる時だけにとどまらなかった。解釈とは包括的ではるかに豊かなものであり、それが人間と音楽の間の根本的な状態に関わるものだからである。そのような作品把握は、音楽を前にした責務、責任において法外なものを指揮者に求めることになる。

　ミッションとも名付けられるその課題を、指揮者として正当に果たすためには、人間性の全てを投入することが求められる。ペンによって——2 人は既に早い時期から書くことを始めていた——、言葉によって——2 人の指揮者は共に講演を行っており、アンセルメは（ジャン・スタロビンスキと共に）「ジュネーヴ国際会議」の共同創設者の一人だった——そして音楽するという創造的な行為においてである。

　「書くことは私の熟考をうながす」とある時アンセルメは彼の娘に言った。そして 1947 年 6 月 27 日フランク・マルタンに宛てた手紙にはこうある。「音楽を（自らの）作品として作ることに私は向いていないので、音楽について抱いたり獲得した意識によって音楽を生み出したいと思いました。」

　必然性——これがキーワードであるのは、ここでは内的なのっぴきならない欲求が問題だからだ。アンセルメとフルトヴェングラーは、日記も音楽家の逸話も、指揮の手仕事への手引きも書いていない。彼らの考察は他のことを目指している。

　彼らは同じ歴史的状況にあっただけに、それはなおさらそうである。2 人は様々な事件の圧力を受けていた。たとえばその一つは、あの時代にセリー

の、十二音の、無調の音楽の信奉者が実行していた様々な知的洗脳であった。2人の音楽家は倫理的なものである自らの選択を弁護しなければならなかった。現実性というものを、つまり調性原理が人間の本性には必然的で適合していると証明しようとすることによってである。アンセルメにとって、この仕事は彼が最も旺盛に活動している時に行われた。ほとんどの人が引退することを考える年齢に、彼は現象学の研究を始める。特にフッサールを研究したのは、不可欠だと思う知的な装備をするためだった。彼は国際的な指揮者としての活動と共に、10年にもわたってこの仕事に携わったことになる。結果は800ページ以上にもなる著作『人間の意識における音楽の基礎』となった。これはまさに文字通り言葉による遺言であり、あるいは「調性というものの解明と擁護」とも呼べるかもしれない。

　いずれにせよ一つのことは明らかだ。アンセルメやフルトヴェングラーのような指揮者は、他にはほとんど見当たらない。彼らは経歴の頂点において倫理的に動機づけられた選択を正当化し、この出来事を公的な批評にさらすという、精神的な強靭さと実存的な欲求を持っていた。たとえこのことが、既に起こっているように、悪い誤解を呼び起こし、前衛の特定の学派の支持者から多くの反対者を生む心配があるとしてもだ。

## エルネスト・アンセルメとヴィルヘルム・フルトヴェングラーの主要な著作

### エルネスト・アンセルメ[66]
- 演奏会冊子に掲載された作品や作曲家のための180もの紹介文
- 音楽に関する140もの記事や様々な文章
- 『人間の意識における音楽の基礎』、ヌーシャテル1961年、1987年、パリ1995年（Les Fondements de la Musique dans la conscience humane、独語や伊語への翻訳あり）
- 『アンセルメとの対話』（J.クロード・ピゲとの対談。邦訳は遠山一行他訳　みすず書房）
- 『音楽論集』ピゲ編、ヌーシャテル1971年

---

[66] （ローザンヌ州及び大学図書館の1883年所蔵目録に基づく）

-フランスの作曲家との往復書簡（ジュネーヴ 1988 年）、スイスの作曲家との往復書簡（ジュネーヴ 1989 年）、C.-F. ラミュとの往復書簡（ジュネーヴ 1989 年）、イーゴル・ストラヴィンスキーとの往復書簡（全 3 巻、ジュネーヴ 1990-1992 年）、ヨーロッパの作曲家との往復書簡（全 2 巻、ジュネーヴ 1994-1996 年）
-出版準備中：J. クロード・ピゲとの往復書簡（全 2 巻）

### ヴィルヘルム・フルトヴェングラー
-『音楽を語る』（ヴァルター・アーベントロートとの対話。訳：門馬直美、河出書房新社）
-『音と言葉』（訳：芦津丈夫　白水社）
-『音楽ノート』（訳：芦津丈夫　白水社）
-『フルトヴェングラーの手紙』（訳：仙北谷晃一　白水社）
-『フルトヴェングラーの手記』（訳：芦津丈夫、石井不二雄　白水社）
〔訳注：これ以降の本論文でのアンセルメおよびフルトヴェングラーの著作からの引用には、できる限り上記の邦訳を用いた。〕

## 4. 作品を前にした指揮者

　指揮者にとって身振りによる伝達は当然に重要であるが、それ以上のものではもちろんない。なぜなら、身振りは作品をどう表現するか、どう見たかということを示すための手段であるにすぎないからだ。この点で 2 人の音楽家は完全に類似している。

　アンセルメは彼の理解を強調して述べている。「私は拍を振らないのだ。私は前に進む。」そして、次のように説明している。

「指揮者にとって最も重要な条件は、身振りで内面の動きを表現できる能力である。（・・・）これは一つの必要な、しかしそれだけでは十分ではない条件であり——身振りによる動作演技を越えた他の前提が付け加わる。（・・・）最初の条件は、誠実であることであり、まさしくそれが有機的ということなのだ。とにかく（指揮者は）一切見せかけをしてはいけない。どんなに彼が身振りを重要であると考えたとしてもである。形式面での衝動と

内的な衝動の関係において、指揮者には様々なタイプがある。ヴァインガルトナーの指揮は、これら２つの衝動を全く均等に表現していた。フルトヴェングラーの指揮は内的な衝動によって支配されており、形式的な基準はほとんど知らなかった。フルトヴェングラーと正反対に対立しているであろうものは、今日における典型的で完全に常套的な身振りである。これは音楽的な動きを非の打ち所なく静止した幾何学に還元し完璧に達成することを身に付けている人によって行われているものである。この技術はほとんど必然的に失敗するべき運命にある。なぜなら、この場合（指揮者は）オーケストラが意味している心理的なマグマには到達しないからである。しかし、身振りが「誠実」であれば、それにふさわしい音楽への置換えが続く。身振りは、指揮者の音楽性に即して作品を形作り、オーケストラに——それがどんなものであっても——指揮者が独自に持つ響きの色を与える。ピアニストがその弾き方に、ヴァイオリニストがその弓使いとヴィブラートにこだわるのも同じ事情である。（・・・）

本質的に作曲家は、作品に音楽的内容を書き表している。しかし、この内容は演奏者となる実行者が取り組む運動の要素によって初めて生き生きとさせられるのである。指揮者の身振りがオーケストラの演奏にこの衝動を与えることができ、それにより音がその意味を表せば、彼の労苦も報われるだろう——それが誰であろうとである。しかし、彼は自分が作用し直ちに一切の注意を要求している出来事の背後に、人としては隠れるのである。まさにそのことこそ、我々が指揮者に望みたいことなのである。」[67]

この中心問題におけるフルトヴェングラーのヴィジョンは、彼のラテン人の同僚に驚くほど似ている。1929年に彼は次のように書いている。[68]
「およそ演奏の重みと力に関してさまざまな指揮者に認められる大きな相違は、あまりにも経済的な事実であり、指揮者の過大評価という誤謬に陥るまいとする賞賛すべき願望はなおもちつづけるにしても、その相違には目をつぶることができない。このすべてを理解するために、まず指揮者とは本来何をすべきであるのかを、みずからに問うてみたい。

指揮者の役割は、万人の目にさらされているとはいえ、それが音楽のあら

---

[67] Ansermet, Ernest: *Le geste du chef d' orchestre*, in Une Vie en Images, Editions Delachaux et Niestle, Neuchatel/Paris 1965.
[68] Furtwängler, Wilhelm: *Aufzeichnungen*, S. 42f

ゆる種類の演奏のなかで最も隠れた、いわば最も神秘的なものであることは事実である。ここでは、たとえば歌手やピアニストなどの場合よりも暗示の、すなわち非合理的な要素の介入が多いという意味で神秘的だと言うのではなく、彼の楽器であるオーケストラとの関係、つまりそれを操作し制御する仕方が伝達を主とし、間接的で、そのために一段と複雑化されたものだという意味においてである。たとえば、この歌手はしかじかの声をもち、このヴァイオリニストはしかじかの音をもっているということは誰にも分かる。ピアニストの場合でも、自分のストラディヴァリウスをどこにでも持って行くヴァイオリニストや、生まれついた自分の声で歌う歌手と同じほど彼は自分の楽器と密着しているわけではないが、それぞれの固有のタッチについては語ることができる。しかし現実には、本物の指揮者であれば誰しも、いま挙げた人々と同じく自分の音、自分のタッチ、自分の声をもっているのであり、しかも「自分の」オーケストラ——ここで最大の訓練が可能であることは確かであるが——による場合だけではなく、どのオーケストラを相手にしてもそうなのである。それどころか、本物の指揮者とは何かをはっきり示すものは、彼がすでにタクトの一振りで——オーケストラの種類を問わず——どこまでオーケストラに自分の音を、自分の意図を印象づけ得るかなのである。」(『フルトヴェングラーの手記』)

　そして1937年の考察はそれを補完するものである。[69]
「どうしてアルトゥル・ニキシュのありふれた拍子の取り方によって、どのオーケストラも普段と違えるような音を発するようになるのか。(・・・) この真相を見極めるまでには、他の青年指揮者たちと同じように出発した若い指揮者の私にとって、いかに長い年月が必要であったことだろう。ニキシュによるこの美しい調和音が決して偶然ではないことを私は把握することができた。より正確に言うなら、この現象は、ニキシュの「音」に自己を投入する仕方にもとづくものである。したがってそれは彼の「人格」とか「暗示」から出て来た結果ではなく——このようなものは冷静な職業音楽家には存在しない——、まさに彼の「テクニック」である。以上のことを私は会得したのである。指揮者のテクニックといっても、それが人間の表現意欲から作り出されたものであるかぎり、もちろん人格と無関係ではない。・・・」(『音

---

[69] Furtwängler, Wilhelm: *Vermächtnis*, S. 98-102

楽ノート』)

　2人の指揮者がお互いの文章を知らずに、作品の発展を海という同じイメージを借用しているのは注目に値する。

「わたしが指揮する時、わたしの眼差しは想像的空間の中で音の上に現れるあのメロディー線へ向けられるのです。そしてわたしは、このメロディー線の中に、あの瞬間へとわたしを導く和声的感情の運動、つまり丁度波頭が水の塊の運動を外在化するように、メロディー線が外在する和声的感情の運動を見るのです。したがって、指揮をしている時には、わたしは音楽を形成している感情、わたしの心を捕えている感情によって実際に内的に満たされているのです。しかし、この感情自体はわたしの眼差しを外へ、つまり音楽の流れのなかでも最も重要な意味をもつ旋律的イメージへと向けるのです。それと同時に、この感情はわたしの体の動きを規定し、この動きが楽員たちにカダンシェルなリズムの衝動を伝えようとします。そしてこの衝動によって、楽員たちは練習で準備したように音楽を演奏することができるのです。他方わたしの眼差しは、彼らとわたしとの間に暗黙の理解をうちたてるために、わたしの動作を通して、その音楽についてわたしが抱いている感情――それはわたしが練習の時にフレーズ、アクセント、音価に関して彼らに述べたすべてのことをわたしに示唆したものですが――によって導かれるのです。」
（『アンセルメとの対話』）[70]

　そして、フルトヴェングラーの手記にはこうある。

「真に交響楽的な作品、一つの絶対音楽は海のようなものである。それは大きな波で、その上には小さな波があり、そのまた上に一段と小さな波がある。われわれの目にまず映り、大半の人々が生涯もっぱら見ているものは、最も小さな波である。しかし正しい演奏には、最も大きな波を把握することが同じほど、いな何にもまして必要なのである。」　（『フルトヴェングラーの手記』）[71]

---

[70] Ansermet, Ernest und Piguet, J.-Claude: *Gespärche über Musik*, S.101
[71] Furtwängler, Wilhelm: *Aufzeichnungen*, S. 197f (1940)

## 5.　旋律の内的な運動法則

　時間と人間の感受性によって決められる音楽の過程についての2人の指揮者の理解も、驚くほど一致している。

　1948年エルネスト・アンセルメはジュネーヴ国際会議において「音楽の経験」について講演を行なった。そこで彼は特に次のように主張した。

「ひとつの方法においてのみ、旋律はその意味を獲得します。すなわち、旋律が時間的な流れにおいて経験される時にです。それは音楽の道程であり、企図された飛行機の軌道に似ています。しかし、それはスケッチに過ぎず、人が自ら完成するのです。旋律の知覚可能な体験が内面化され、この音楽の過程は内的な経験として様々な意味を獲得することができます。人が旅して知る風景として、探検する冒険として、あるいはたんに取り扱いの指針としてのです。

　そのような道はその目的によって規定されます。しかし、音楽が過程として知覚されるべきであるなら、旋律はその中で今後さらに音を伴うことになるこの運動における音楽的意識にとって、ある一定の特徴を必要とします。その特徴は人によって認識され、全ての運動と差異にとっては規範や所定の意図として役立つのです。」[72]

　この後アンセルメは音楽の調性概念の避けられない必然性を説明する。音楽の流れをそのように知覚することにとっての条件を生み出すためである。

　同じ年、1948年にフルトヴェングラーは『音楽を語る』の中でこう述べている。[73]

「調的に明確になっている音楽だけがもつひとつの特徴は、その方位確定性です。私は、前に、ひとつの道を通り抜けることがカデンツの本質であるということ、したがってカデンツは発端、つまり出発点と、終点、つまり終結を可能にするということに論及しました。しかし、こういうことから、次のことが必然的に生じます。すなわち、実際に調的だと完全に感じられる作品では、——たとえば純然たる調的な時代のものでも、すべての音楽が決してこういうものだとは限りません——聞く側もまた、自分の歩み踊るべき道のあいだ、自分がどこにいるのかいつでも知っているということ、方位の確定

---

[72] Ansermet, Ernest: *Ecrits sur la Musique*, S. 41
[73] Furtwängler, Wilhelm: *Gespräche über Musik*, S. 103f

は、曲の全進行のあいだに一瞬間も中絶しないということが生じるのです。このことは、調性の最高度に特徴的な業績なのであって、調が大きい形式、そしてとくに非常に大きな形式、たとえば長大な交響曲の楽章（例をあげると、ベートーヴェンの第九交響曲の第一楽章）にわたって広がっているときには、まさに驚くほどです。こうした性質は、調的な音楽に、この音楽を本当の意味ではじめて、外部のあらゆる種類のモデルとか現実世界のあらゆる描写と関係のないものとする、この音楽だけに独特な種類の明確性というものをあたえます。

　また、この性質は、確固とした生物的な価値ももっています。それは方位感です。方位感、方位をきめるために自分の周囲に対するはっきりした空間的な関係をえようとする性向、いいかえると、どこを歩み、どこにいるかを《知ろう》とする傾向は、動物でも人間でも、きわめて幼いころからの有機的な生命の基本的な感情なのです。この感情が空間に関するものなのか、あるいは時間に関するものなのかということは、その場合に問題ではありません。実際に、生命の独特な経過のなかにあって、私たちは、一方で過去を、しかし他方ではとくに未来を意識せずには一歩も進まないし、何も企てられません。未来についての不安、不明解、未来を支配することの不可能といったことが原因となって、現在を破壊し、私どもから安眠を奪い、私どもを自殺に導くことがあるわけです。」（『音楽を語る』）

　1946年、インスブルックで占領軍によって拘束された時（彼はまだ非ナチ化審議で無罪となっていなかった）、フルトヴェングラーは次のように始まる特に感動的な文章（それが成立した環境においてだけでなく）を書いている。

「交響楽曲。（インスブルックでの拘留中に記す。2月6日—7日）

　場所規定なしには不可能である。場所規定に発する軌道の通過、道程の生成、生成そのもの、初めと終わりをもつ運命。・・・」[74]（『フルトヴェングラーの手記』）

　そして1954年、彼の最後の手記の一つは、遺言のような簡潔さにおいて際立っている。

「調性とは時間の構築的な配置にほかならない。それゆえ調性を放棄するこ

---

[74] Furtwängler, Wilhelm: *Aufzeichnungen*, S. 267

とはできない。われわれが時間と空間の現実、構築術の現実をもはや理解せず、見ること聞くことをやめて思考するとき、構築的な芸術のすべてが枯渇したとき、はじめて調性が枯渇するであろう。われわれが観察し聞くことをやめるとき、調性も枯渇するのである。生成した旋律は、今日ですらも、すべての理論を凌駕する。」[75]（『フルトヴェングラーの手記』）


6.　　無調音楽への態度

　ここでも2人の音楽家の断固たる立場は同じである。彼らの議論の仕方がその本性に即して違っている時も、無調性への拒否は誤解の余地がない。
　まず2人は新しい無調そして音列の音楽の概念による歴史的な決裂を、重大な結果として深く受け止め、音楽の本質について自ら触れている。
　アンセルメは1963年の公開講演の中でこう説明する。
「調性音楽と無調音楽の間には、橋渡しのできない裂け目があります。そして音楽企業が教義一辺倒の圧力に屈し、最終的に無調原理や無調音楽に取り込まれれば、音楽の意味や本質も失われてしまうでしょう。明らかにブーレーズはこう思っていました。「私の書くものが音楽であるなら、シューベルトが作曲したものは音楽ではない！」と。」[76]
　同じ意味でフルトヴェングラーも1938年に次のように書いている。
「バッハ、ベートーヴェン、シューベルト、ブラームスなど、さらにはブルックナー、ヴァーグナー、フーゴー・ヴォルフ、リヒャルト・シュトラウス、プフィッツナーなども、すべて同じ法則の下にあり、一つの世界を形成している。十九世紀でも、一つの「歴史的」世界でもなく、一つの共通した音楽概念が存在する。しかし、その後に断絶が来る。今や、一切を歴史的なものに転嫁し、これによって断絶を覆い隠そうとする試みが絶えずなされている。これは当を得ていない。曖昧にしてはならない事柄がある。今日、無調性的ないしは「調性の緩んだ」音楽を書く者は、以前の人々とは根本的に異なる仕事をなしているのである。」[77]（『フルトヴェングラーの手記』）

[75] Furtwängler, Wilhelm: *Aufzeichnungen*, S. 342
[76] Ansermet, Ernest: *Ecrits sur la Musique*, S. 107
[77] Furtwängler, Wilhelm: *Aufzeichnungen*, S. 153

1945年にフルトヴェングラーはさらに決然と、そして悲劇的な基調をもって次のような審判を下している。

「ヴァーグナーからシェーンベルクへの歩みは、進歩ではなくて破局を意味する。この破局のさなかに、われわれは置かれている。肝要なのは、自然な成長力を想起することである。そのためには、知性が差し出がましく独善的にならないこと、芸術家に、非生産的でセンセーショナルな独創性の追求ではなくて、自然に自己展開、自己構築の許されることが必要である。」[78]（『フルトヴェングラーの手記』）

ここで特に印象的なのは、全く個人的な態度へそのような葛藤を抱いたという帰結である。なぜなら、重要なのは美学的な範疇ではなく、倫理的な問題なのであり、それは同時に我々の社会の人間像と未来の問題に触れているからである。

J.クロード・ピゲとの対話の中で、アンセルメは締めくくりに彼の個人的な経験について語っている。

「わたしは、オネゲルやその他の作曲家をわれわれのプログラムにいれるために、一般の意見と戦わねばなりませんでした。そして、この発意の正当性を認めてもらうために、わたしは15年あるいはそれ以上を待たねばならなかったのです。セリー音楽を前にして、わたしは再び世論と戦わねばなりませんでした。しかし今度は、前回とは逆の方向においてです。そして状況はもっと重大なものにわたしには思われました。というのは、わたしの態度が正当化されるのを見るために未来を待つことがわたしにはもはやできなかったからです。そのようなわけで、結局、わたしはあの本を書いたのです。音楽に関して発せられた多くの誤った見解に対して、またそれまで個人的意見しか述べることができなかったある現象を前にして、音楽の正常な道、人間の道とはなにかということを、事実の明証によって明らかにする必要があるようにわたしには思えました。・・・」[79]（『アンセルメとの対話』）

フルトヴェングラーはこれに対して、既に1936年に彼の手記において、そのような芸術理解を隠している社会の形態や生活の形態を倫理的に選択することを拒絶している。

「極端に芸術的な方向（無調性）、たとえば理解不可能なものの拒否は、極

---

[78] Furtwängler, Wilhelm: *Aufzeichnungen*, S. 259f
[79] Ansermet, Ernest: *Entretiens sur la Musique*, S. 120

端な個人主義、共同体の拒否である。人工的な共同体と自然の共同体（キリスト教）。」[80]（『フルトヴェングラーの手記』）

そして、自ら辛苦に満ちたドラマを経験した後の 1949 年、彼は次のような驚くべき説明をするのである。

「物質は自立しようとする。それはみずからの法則を持っているのだ。ドイツ人が強制収容所を設立したように、原子爆弾がそれ自体のために促進されたように、無調性は音のため、つまり無調性そのもののために展開された。人間が忘却されたのである。私たちは今日いたるところで物のために人間を忘れている。もしこの傾向が「物」の領域においてなおも意味を持つならば、と言うよりも、そのあまりにも呪わしい成果を収めているのだとすれば、人間の領域、すなわち芸術や倫理の世界には恐るべき自体が生じている。それは自己自身の放棄であり、無慈悲な世界精神の無知の力に舵を譲りわたすことである。」[81]（『音楽ノート』）


## 7. 心の知性と正統的なものへの欲求

既に引用されているジュネーヴ国際会議の講演においてエルネスト・アンセルメは、本当の文化にとって必要な諸条件を発展させるための状況についての全体像を展開している。

「明らかに人間は、パスカルが「心の知性」という言葉で表現した情緒上の生活の統一を、もはややり遂げられません。事物は一つのやり方でしか起こりません。あたかも人間が欲求と傾向にならって行動し、ついでの折にのみ「精神的なもの」へと呼び寄せられるようにです。精神的なものについて確かに人はどこにそれがあるか正確には知らない。人は心にはその知恵を与えず、手、喉、鼻、皮膚、そして性行為にはそれを許しているのです。確かに人がついに意識を我々におけるあらゆるものについて持てるようになったのは歓迎するべきことです。しかし、我々の感覚はただ部分的な情報しか知らせてくれません。そして、人間の最深部へ個人主義をただ伝達するだけでは、彼はへとへとになり途方に暮れさせてしまうでしょう。しかし、我々の

---

[80] Furtwängler, Wilhelm: *Aufzeichnungen*, S. 121
[81] Furtwängler, Wilhelm: *Vermächtnis*, S. 48

感覚はただかの世界の情緒的な認識において調和できるのであり、その認識はどんな省察にも先行し、心の栄養として我々の悟性を明るくするのです。（・・・）心というものは精神主義者にも物質主義者にも忌み嫌われる対象になってしまいました。我々の時代はひとりののけ者を作り出しました。どうしたら人は、心をふさわしく表現する機関を代表している音楽に、自らの声を獲得させられるのでしょう？

お互いに閉ざされた文化、階級に従って決定されるような文化による世界の中に、我々はもはやいません。膨大な量の非常に多様な音楽が、世界中の開かれた様々な社会に享受されています。もし音楽が社会というものにとって文化を意味するなら、それは本当の文明の財産となるでしょう。文化という前提があるから、そのようなものとして感じられるのだとも言えます。

文化とは、全てのものを知ることでもなければ、経験を貯め込むことでもありません。文化はスポーツや遊戯のように証拠を残すのではありませんが、経験はできるのであって、それによって人は変わることができます。

我々の状況にふさわしいと思われるのは、音楽的意識というものを追求し、以前より注意深くなることです。おそらく人はかつてよりも今は創造的だと言うかもしれませんが、この状況が続く限り、音楽の世界は混迷と混沌から抜け出すことはないでしょう。もしそうなら我々は今の時代に、偉大な創造をするような時間は生み出せないのです。このことは人間的な要因に依拠していることを、我々は知っています。人間的な要因が狭い意味での音楽的なものを乗り越えるのです。しかし、我々の音楽世界が遊戯における情熱であるにしても、平板で空虚な活動とはいくらか違ったものになるかどうかは、我々次第なのです。音楽生活が一つの文化の運命を左右するよう、我々は働きかけることができるのです。」[82]

フルトヴェングラーの基本思想は、違うスタイルで書かれているにしても、内容はアンセルメと違いはない。ここでは思想的な近さが確認できる。それはとても重要であり、思考における普遍的な基礎であり、ドイツ人音楽家の生涯における苦痛に満ちた出来事や経験によってさらに強められている。

「巨匠の偉大さを信じることは人間の偉大さをそのものを信じることである。発展を信じることは物質そのものを信じることである。人間の偉大さへ

---

[82] Ansermet, Ernest: *Ecrits sur la Musique*, S. 62, 68f

の信仰によって、魂は本来それが所属する中心点へとふたたび戻される。」[83]（『フルトヴェングラーの手記』）

「現代人における極端に偏った知性への要求は、われわれが知性の誘惑に対して免疫性を失ってしまうという結果をもたらす。この誘惑は、学問でないものをも学問とみなすところに成り立つ。あの「探求しがたいものを静かに敬う」という姿勢は、われわれにとって至難のわざと思われる。」[84]（『フルトヴェングラーの手記』）

最後に1937年の印象深い告白を掲げたい。リルケの『若き詩人に与える手紙』を想起させるものだ。

「ひとは芸術作品に没頭せねばならぬ。すなわち作品とは閉ざされた世界、他に依存しない世界なのである。この没頭は愛と呼ばれる。愛とは評価すること、つまり比較することの逆である。それは無比無類のものを観取する。開かれた世界、つまり評価する知性の世界は、すぐれた芸術作品の価値を決して正しく把握しえない。」[85]（『音楽ノート』）

---

[83] Furtwängler, Wilhelm: *Aufzeichnungen*, S. 127 (1936)
[84] Furtwängler, Wilhelm: *Aufzeichnungen*, S. 287
[85] Furtwängler, Wilhelm: *Vermächtnis*, S. 19 (1937)

**筆者紹介**〔訳注：原書の刊行された 1998 年当時のデータ〕

**ヨアヒム・マッツナー**：音楽学者、評論家（ベルリン）。かつてベルリン自由大学で教鞭をとり、ミュンヘンのバイエルン放送のクラシック音楽部門長を務めていた。

**ヴェルナー・テーリヒェン**：作曲家、著述家（ベルリン）。ベルリン・フィルハーモニーの元ソロ・ティンパニ奏者として、フルトヴェングラーとカラヤンのもとで演奏。ベルリン芸術大学教授。

**ロジャー・アレン**：合唱指揮者、ピアニスト（オックスフォード）。オックスフォード大学のニュー・カレッジ・スクール学長。

**ギュンター・ビルクナー**：音楽学者、評論家（キュッサベルク）。元チューリヒ中央図書館音楽部門長。ヴィルヘルム・フルトヴェングラーの著作の編集者。

**ブルーノ・ドゥディエール**：音楽学者（ルーアン大学）。

**ジョージ・アレクサンダー・アルブレヒト**：指揮者（ヴァイマール・ドイツ州立劇場の音楽総監督）。

**ジャン＝ジャック・ラパン**：ローザンヌ音楽院院長。フルトヴェングラー『手記』のフランス語版の編集者。

**ウルリヒ・ムツ**：音楽学者（レムシャイト）。

**セバスチャン・クラーネルト**：指揮者、ピアニスト（ヴァイマール）。イエナのフリードリヒ・シラー大学音楽部門長。

## 訳者あとがき

　1997年にドイツのイエナ大学で始まった「ヴィルヘルム・フルトヴェングラー会議（Wilhelm Furtwängler-Tage）」は、世界のフルトヴェングラー関連のイベントの中でも画期的と言えるものだった。立役者は同大学の音楽部門長であるセバスチャン・クラーネルト氏。優れたピアニストであり指揮者であるばかりか、オルガナイザーとしての才覚を持つ彼は、研究者、音楽家、フルトヴェングラーの遺族たちをイエナに呼び集め、シンポジウムと演奏会（オーケストラと室内楽）と展覧会と親睦会による、フルトヴェングラーづくしの夢のような数日間を現出させたのである。その後、このフルトヴェングラー会議は不定期ながら数年に1回の割合で開催され、2006年の第6回をもって終了したことは関係者を残念がらせたが、その偉業はフルトヴェングラー研究史に末永く残ることだろう。

　世界最高の指揮者の一人として、とかく我が国では演奏録音についての議論ばかりが突出しがちなフルトヴェングラーであるが、このイエナ・フルトヴェングラー会議では彼の知られざる作曲家としての面がクローズアップされ、室内楽（歌曲、合唱曲、2つのヴァイオリン・ソナタ、ピアノ五重奏曲）から交響作品（テ・デウム、ピアノ協奏曲、3つの交響曲）まで、主要な作品の再演・蘇演が粘り強く行われていた。音楽大学在学中からフルトヴェングラーの作曲に関心を抱いて研究してきた私が、1997年のこの第1回会議に何としても参加しようと思ったのは言うまでもない。シンポジウムではセバスチャン・クラーネルト氏の計らいで、私の主宰する東京フルトヴェングラー研究会の活動についてもスピーチをさせてもらえることになり、直前に慌ててドイツ語の原稿を書いたことも懐かしい思い出である。この催しに強く触発され、フルトヴェングラーをたんに指揮者としてだけではなく、現代にも意義を持つ芸術家、文化人としてとらえる催しを我が国でもする必要を感じ、「東京フルトヴェングラー・フェスト」を東京フルトヴェングラー研究会の主催で毎年続けて現在に至っている。

　本書の原書（Furtwängler-Stuidien I）は1997年の第1回会議における講演原稿を元にして成立した本である。（その後も会議は続けて開催されたので、それらに対応して『研究（Studien）』も I の後は II、III と続いて刊行さ

れるべきところだが、残念ながら今に至るまでそれは果たされていない。そこで今回の翻訳書はたんに『フルトヴェングラー研究』という書名にしている。）　ぜひ日本語版を作りたいという私の申し出を、クラーネルト氏は快諾してくれたのだが、様々な事情で翻訳を完成するまでに17年もの月日が流れてしまった。その間、本書への寄稿者であるヨアヒム・マッツナー、ヴェルナー・テーリヒェン、ギュンター・ビルクナーは他界し、アレクサンダー・アルブレヒトは健康を損なっているという。2013年にはフルトヴェングラーの未亡人で、この会議にも頻繁に訪れていたエリーザベト夫人も102歳の天寿を全うされた。いずれフルトヴェングラーを直に見聞きした人々は全てこの世を去ってしまうだろうが、大事なのは考古学ではなく、偉大な精神の本質の理解と継承が行われることである。そのような意味でも、本書は貴重な役目を果たすのではないか。

　東京フルトヴェングラー研究会には「海外文献講読ゼミナール」という、未刊行のフルトヴェングラー文献を訳読していく講座があり、そこでは本書の原書の一部がテキストとして使われた。ゼミナール参加者の石田尚紀、市川肇、大島昭三、堀越啓美、宮嶋大貴の各氏は、分担して読みづらいテキストに取り組んでくれた。私としても大いに参考になったので、ここに記して感謝を表したい。この翻訳書の出版は、今年（2015年）、創立20周年を迎える同研究会の記念事業の一つにもなっている。

2015年8月　東京・練馬にて
野口　剛夫

訳者：野口 剛夫（のぐち たけお）
1964年、東京生まれ。中央大学大学院（哲学）、桐朋学園大学研究科（音楽学）を修了。作曲を別宮貞雄に師事。昭和音楽大学講師を経て、現在、東京フルトヴェングラー研究会代表、同管弦楽団指揮者。指揮者としてはブルックナーの交響欲第5番（シャルク改訂版）、フルトヴェングラーの「テ・デウム」、交響曲第3番などの日本初演を行う。著書に『フルトヴェングラーの遺言』（春秋社）、『フルトヴェングラーを超えて』（青弓社）、監修書に『フルトヴェングラー歌曲集』『ブルックナー／交響曲第5番スコア（F．シャルク改訂版）』（音と言葉社）など、訳書にシェンカー『ベートーヴェン第5交響曲の分析』（音楽之友社）、クラウス・ラング『エリーザベト・フルトヴェングラー 101歳の少女』（芸術現代社）、フィッシャー＝ディースカウ『フルトヴェングラーと私』（河出書房新社）、『伝説の指揮者 フェレンツ・フリッチャイ』（アルファベータブックス）など、作曲には「ピアノのための小品集」、「弦楽四重奏曲」、交響詩《神代の調べ》、「管弦楽のための5つの小品」などがある。2014年、『新潮45』（2013年11月号）掲載の論説 "全聾の天才作曲家" 佐村河内守は本物か」により、第20回「編集者が選ぶ雑誌ジャーナリズム賞」作品賞を受賞。

# フルトヴェングラー研究

編：セバスチャン・クラーネルト　訳：野口 剛夫

2015年8月31日　第1刷発行

発行：音と言葉社
　〒176-0004 東京都練馬区小竹町 1-44-2-102
　TEL：090-6103-5504　E-mail:otakesan@kt.rim.or.jp
編集・印刷：東京フルトヴェングラー研究会

発売：㈱アルファベータブックス
　〒102-0072 東京都千代田区飯田橋 2-14-5 定谷ビル 2F
　TEL：03-3239-1850　FAX：03-3239-1851
　E-mail:alpha-beta@ab-books.co.jp

本体価格 3,000 円＋税

Ⓒ無断転載・複製を禁ず　ISBN978-4-86598-701-0 C0073